AF313410

EXERCICES
DE
RETRAITE,

Pour l'intervalle de l'Ascension
à la Pentecôte;

AVEC

DES PARAPHRASES SUR LES PSEAUMES

Qui se chantent pendant la Communion, &
à quelques Saluts des Fêtes solemnelles,
dans l'Eglise de SAINT - JACQUES-
SAINT-PHILIPPE-DU-HAUT-PAS.

A PARIS,

De l'Imprimerie de G. DESPREZ, Imprimeur
ordinaire du Roi & du Clergé de France.

M. DCC. LXXVIII.

Avec Approbation & Privilege du Roi.

CEs Exercices se trouvent à la Sacristie
de ladite Paroisse, ainsi que les Paraphrases,
qui s'y vendent ensemble, ou séparément.

Les Exercices se vendent 18 *sols brochés*,
& les Paraphrases, *même prix*.

AVERTISSEMENT.

LA vie toute entiere d'un Chrétien, doit être une vie de séparation & de retraite. Dieu lui en fait un précepte, quand il lui ordonne, par son Apôtre, de s'éloigner du commerce des méchants : *Separamini* ; (II. Cor. ch. 6.) de ne point participer à la corruption, de garantir ses mains & son cœur de tout ce qui souille les mains & le cœur de l'impie : *Immundum ne tetigeritis* : il lui promet, à cette condition, de lui servir de pere : *Et ero vobis in patrem*, & d'adopter pour ses fils & ses filles, tous ceux qui seront fideles à cette obligation : *Et vos eritis mihi in filios & filias.*

Jésus-Christ ajoute à ce précepte

les regles que doit suivre un Chrétien, quand il veut vivre de cette
vie de retraite : il nous fait, de la vigilance & de la priere, un devoir habituel & indispensable : *Vigilate omni
tempore orantes ;* (Luc. 21, ⅌. 36.)
& il répete souvent les mêmes paroles, afin de nous convaincre que nous
ne trouverons de sureté que dans le
recueillement de l'esprit & du cœur.

Saint Augustin, insistant sur cette
vérité, nous présente de puissants
motifs pour fuir le tumulte du monde, & nous tenir habituellement
dans cet état de séparation & de vigilance. » Aimez la retraite, nous
» dit-il ; fuyez la multitude ; de peur
» d'être surpris dans vos paroles, &
» compromis dans vos actions. »
(*Aug. Serm.* 3.) Le vénérable Bede
veut que cet esprit de retraite nous
accompagne par-tout ; de sorte que
nous soyons dans la place publique
aussi attentifs sur nous-mêmes, que
dans l'intérieur de nos maisons.

Nous serions donc dans une dan-

gereuſe erreur, ſi nous regardions la
retraite du cœur comme une pratique de ſurérogation, deſtinée, tout
au plus, à augmenter la perfection
& la ferveur des juſtes, mais peu
eſſentielle à l'ouvrage de notre ſanc-
tification. Un Chrétien habituellement diſſipé, quand il n'auroit pas
d'autre reproche à ſe faire, ſeroit,
par cela même, éloigné de la voie
du ſalut.

C'eſt ſans doute la certitude & la
crainte de ce danger, qui a peuplé
les Solitudes & les Monaſteres : elle
a fait prendre à des ames timorées,
la ſage réſolution de ſe ſéparer entiérement du monde, & de chercher,
à l'ombre des ailes du Seigneur, un
aſyle, où les écueils fuſſent moins
fréquents, les moyens du ſalut plus
multipliés, & ſur-tout où il fût plus
facile de ſe livrer à l'eſprit de retraite.

Il eſt vrai que c'eſt le plus petit
nombre que Dieu ſanctifie par ce
genre de vocation. Pour parler au

cœur de Jérusalem, il ne la conduit pas toujours dans la solitude ; (*Osée.*) & il se réserve, au milieu de la corruption, des ames privilégiées, qui ne fléchissent pas le genou devant Baal ; mais ce Dieu, dont l'esprit souffle où il veut, & quand il lui plaît, se fait rarement entendre au milieu du tumulte des affaires, & jamais, ou presque jamais, au milieu de l'agitation & du désordre des passions : d'où nous devons conclure que l'esprit de retraite qui est si nécessaire, doit être compatible avec les assujettissements des différents états auxquels sa Providence nous destine ; que l'embarras des affaires, les distractions inséparables des occupations multipliées, l'application que demandent les travaux les plus fatigants & les plus sérieux, les mouvements continuels qu'exigent certaines professions plus pénibles, dès que ces états & ces professions sont dans l'ordre de cette divine Providence sur nous, les devoirs qu'elles nous impofent, n'excluent point tout-à-fait l'efprit de retraite : elles le rendent feulement plus difficile à conferver ; & pourvu que, placé dans ces états par la volonté de Dieu, fa grace en fanctifie les obligations, fa crainte & fon amour en faffe remplir les devoirs, on faura s'y ménager des moments pour offrir à Dieu fon travail, implorer fon affiftance & fon fecours, & fe relever des chutes inévitables à la fragilité humaine.

Mais comme, malgré la vocation la plus claire & la plus affurée, il n'eft pas rare de fe perdre de vue & de méconnoître fes devoirs, fes befoins, fes miferes, & les reffources que nous offre, dans l'ordre du falut, la miféricorde de Dieu ; comme les ames les plus fideles, avec toute la vigilance dont elles font capables, perdent toujours, dans le commerce du monde, quelque chofe de leur ferveur, de leur foumiffion, de leur humilité & de leur charité, il n'eft perfonne qui n'ait befoin de temps en temps d'être rappellé à cet esprit de retraite habituelle, par les exercices même de quelque retraite annuelle & particuliere. C'est auſſi le but que s'eſt propoſé, pour ſa propre édification & pour le ſalut de ſes freres, la perſonne qui a fondé cette Retraite : & ſi on pouvoit juger du fruit que produira cet établiſſement, par l'empreſſement des Fideles à s'y rendre ; le zele qu'on a montré la premiere année, donneroit lieu de préſumer que ces exercices porteront dans la ſuite les fruits les plus abondants.

Pour les préparer & les multiplier, ces fruits, il paroît utile d'examiner d'abord, pourquoi on a choiſi ſpécialement ce temps pour inviter les Fideles à la retraite ; & s'il ne ſeroit pas dans le cours de l'année des circonſtances plus favorables à cet établiſſement, & des temps plus convenables aux Fideles qui veulent en profiter.

S'il s'agiſſoit ici de comparer Myſ-

teres à Mysteres, de rapprocher les
différentes solemnités les unes des
autres, on pourroit trouver sans doute des solemnités aussi importantes
que celles à laquelle l'Eglise nous prépare, & peut-être des temps plus
propres au recueillement & à la ferveur; mais en trouveroit-on où l'efprit de retraite fût plus nécessaire
que dans celui-ci ? Et d'ailleurs chaque Fête solemnelle n'a-t-elle pas sa
préparation qui lui est propre ? La
Fête de Noël, par exemple, qui nous
occupe du Verbe fait chair, d'un
Dieu devenu semblable à nous, pour
nous rendre conforme à lui : la Fête de Pâque, où ce même Rédempteur, après avoir consommé son sacrifice, devient, par sa résurrection,
le modele & le principe de notre jus-
tification. Ces deux solemnités, qui
renferment toute l'économie de notre salut, ne sont-elles pas précédées
d'un temps assez long de préparation & de retraite ? Pendant l'Avent
& pendant le Carême, l'Eglise, par

la pénitence qu'elle nous impose, les Prieres qu'elle nous indique, les Inftructions auxquelles elle nous appelle plus fouvent, ne nous dit-elle pas que c'eft par le recueillement & par la retraite, qu'on peut fe difpofer à méditer ces grands Myfteres, les adorer, & en recueillir le fruit ?

Il eft vrai que la négligence avec laquelle la plupart des Chrétiens parcourent ces deux différentes carrieres, fait gémir tous les jours les vrais Fideles & les Miniftres zélés, & leur fait regretter ces temps heureux où la préparation à la Fête de Noël, émule en quelque forte de la préparation à la Pâque, fe paffoit toute entiere dans les jeûnes, dans les prieres & dans les bonnes œuvres de toute efpece. A peine refte-t-il quelques légers veftiges de cette premiere ferveur pendant le temps de l'Avent : tout au plus la couleur des ornements que l'Eglife emploie dans fes Offices, quelques pratiques qu'elle fait obferver à fes Miniftres, annoncent encore que ce temps étoit autrefois, comme il devroit l'être de nos jours, une longue vigile de la Fête de Noël : & fi le jeûne eft encore obfervé pendant le Carême, les adouciffements que fe permettent le plus grand nombre des Chrétiens, ou plutôt les prévarications multipliées, les infractions fcandaleufes, que l'exemple du plus grand nombre autorife, nous menacent de voir bientôt ce faint temps confondu avec les autres temps de l'année ; mais du moins ce qui nous refte encore de ces faints & vénérables ufages, nous prouve affez quel eft l'efprit de l'Eglife dans ces deux établiffements, & nous pouvons les regarder comme un temps de retraite, deftiné à nous difpofer aux deux plus grandes folemnités. La Fête du Saint-Efprit n'eft point inférieure à ces Fêtes : feroit-elle la feule qui pût fe célébrer fans préparation & fans précaution ?

C'eſt ici le lieu d'inſtruire en peu de mots les Fideles ſur la nature de cet Eſprit ; car il en eſt beaucoup qui pourroient faire à peu près la même réponſe que firent quelques Diſciples de l'Egliſe d'Epheſe à l'Apôtre S. Paul, lorſqu'il leur demanda s'ils avoient reçu le Saint-Eſprit ? Nous ne ſavons pas même, lui répondirent-ils, qu'il y ait un Saint-Eſprit : *Neque ſi Spiritus ſanctus eſt audivimus.* (Act. ch. 19, ℣. 2.) Eſt-on beaucoup mieux inſtruit que ces hommes, quand on ſe borne à ſavoir que le Saint-Eſprit eſt la troiſieme Perſonne de la très-ſainte Trinité, ſans connoître aucune de ſes opérations, ſans réfléchir jamais, ni ſur les graces qu'on en a reçues, ni ſur celles qu'on peut en obtenir ? C'eſt cependant la diſpoſition dans laquelle vivent la plupart des Chrétiens. Ils ignorent que l'Eſprit-Saint étant en tout égal au Pere & au Fils, participe aux œuvres de la toute-puiſſance qui nous a créés, aux

œuvres de la fageſſe qui nous conferve & nous gouverne, aux œuvres
de la miféricorde qui nous rachete
& nous fauve; qu'il eſt l'Efprit des
Prophetes; que c'eſt lui qui leur
a dévoilé les Myſteres qu'ils nous
ont tranſmis: la lumiere des Apôtres
& des Docteurs; ils n'ont été que
les organes des vérités qu'ils nous
ont prêchées: la force des Martyrs;
c'eſt cet Efprit qui a foutenu leur
foibleſſe, au milieu des tourments,
& rendu leur langue ſi puiſſante en
paroles devant les Juges. C'eſt par
fon opération que ce font accom-
plis ces prodiges de falut & de graces que Jéfus-Chriſt a multipliés en
notre faveur. C'eſt lui encore qui
éclaire, qui affiſte, qui défend l'E-
glife, notre mere, contre les puiſ-
fants ennemis qui l'attaquent. C'eſt
lui qui infpire au Chrétien docile la
ferveur dans la priere, la patience
dans l'affliction, la confiance dans
la difette, l'humilité dans la grandeur, la vigilance & la force contre

les tentations qui le menacent. C'est lui qui anime du zele selon la science, les Ministres & les Pasteurs, qui met dans le cœur des peuples la soumission & la docilité. Ne pas connoître les œuvres de cet Esprit, ce seroit l'ignorance la plus dangereuse : ne pas sentir le prix de ses dons, ce seroit l'insensibilité la plus criminelle : ne pas profiter des occasions qui nous sont offertes, & de lui témoigner notre reconnoissance, & de nous assurer son assistance & son secours, ce seroit en même-temps, & l'ingratitude la plus monstrueuse, & l'indifférence la plus déplorable.

Mais à ces motifs généraux, qui doivent exciter notre amour, notre confiance & notre reconnoissance envers l'Esprit-Saint, ajoutons les motifs particuliers qui déterminent à se renouveller dans ces sentiments pendant ces jours. La Fête prochaine, substituée à la Pentecôte des Juifs, nous rappelle l'établissement

de la loi nouvelle, sur les ruines de la
loi ancienne; c'est-à-dire, la plus
grande des merveilles que l'Esprit de
Dieu ait opérées pour notre sanctification. Nous y verrons les Apôtres
changés en des hommes nouveaux,
répandre dans Jérusalem & bientôt
jusqu'aux extrêmités du monde, la
lumiere & le feu dont l'Esprit-Saint
les éclaire & les embrase. Or, pour
se disposer à recevoir la plénitude
de cet Esprit, qu'ont-ils fait? Que
devons-nous faire, pour y participer nous-mêmes? Ecoutons les or-
dres que Jésus-Christ leur donne au
moment de les quitter pour remonter à son Pere : il leur commande
de retourner à Jérusalem, & de n'en
point sortir; mais d'attendre la promesse qu'il leur avoit faite de la part
du Pere : il exige qu'ils passent ces
jours de délais & d'attente, à se disposer au Baptême dans le Saint-
Esprit, qui devoit dans peu les remplir de la vertu d'en-haut. Unissons-
nous à cette sainte assemblée : mon-

tons avec eux dans cette falle haute de la maifon, qui étoit la demeure du plus grand nombre des Apôtres: apprenons à y perfévérer avec tous ceux qui s'y raffemblent dans un efprit de priere; & ne regardons pas cette premiere retraite, comme un exercice uniquement deftiné à préparer à l'apoftolat ceux que Jéfus-Chrift avoit choifis pour être les colonnes de fon Eglife, puifque nous trouverons dans le même lieu cent vingt Difciples, les freres de Jéfus, Marie, fa mere, les faintes femmes qui marchoient à fa fuite, tous ceux en un mot qui, dans Jérufalem, attendoient l'effet de fes promeffes.

Si la Foi nous rend attentifs au détail que S. Luc nous préfente au premier chapitre des Actes des Apôtres, n'en conclurons-nous pas qu'il n'eft point de temps de l'année où la retraite nous foit indiquée d'une maniere plus frappante; qu'il n'eft point de folemnité où elle nous foit

plus utile ; qu'il n'eſt aucun des exercices qui vont nous y occuper, qui
ne ſoit marqué par la conduite de
ces premiers Diſciples de l'Evangile : prieres, lectures, méditations
des vérités du ſalut ? Toutes ces pratiques ont été utilement adoptées
par nos peres dans la Foi, & ne le
feront pas ſans fruit pour nous, ſi le
même Eſprit nous conduit à ces exercices, ſi le même recueillement nous
y fixe, ſi les mêmes eſpérances & les
mêmes déſirs nous y animent.

Quoique cet Avertiſſement ait déja plus d'étendue qu'on ne s'étoit
propoſé d'abord, il paroît utile de
ne le pas terminer ſans répondre à
quelques queſtions qui ont été faites au moment de ce pieux établiſſement. 1°. Qu'eſt - ce qu'une retraite, a - t - on demandé, pour des
Chrétiens livrés aux ſollicitudes &
aux embarras du ſiecle ? 2°. Quels
en ſont les exercices ? & quel fruit
peut-on s'en promettre ? 3°. De quelque nature que ſoient ces exerci-

ces, peuvent-ils s'accorder avec des occupations multipliées & le travail le plus nécessaire ?

On répond à la première question, que, comme on l'a déja dit, la retraite est un temps consacré au recueillement & à tous les exercices qui peuvent rappeller un Chrétien à son propre cœur ; que l'usage de faire des retraites, n'est inconnu que de ceux qui perdent entiérement de vue l'ouvrage important de leur salut ; que ce moyen est plus ou moins employé à proportion qu'on est plus ou moins occupé du desir de sa sanctification. C'est pour cela que les retraites sont plus fréquentes dans les Monasteres, dans les Communautés & dans toutes les Maisons où la piété rassemble les Fideles de l'un ou de l'autre sexe. Il est des temps dans l'année destinés à un silence plus profond, à des prieres, à des instructions, à des lectures plus assidues ; & il ne faut pas croire que ces exercices foient tellement relégués dans les Cloîtres, qu'ils foient inconnus du refte des Fideles. On voit de temps en temps les perfonnes animées d'une piété folide, fe prefcrire des jours de recueillement, fe retirer quelquefois dans des Maifons Religieufes, à l'approche de certaines folemnités, ou fe ménager, dans l'intérieur de leur maifon, des jours de féparation, pour fe livrer toutes entieres aux exercices les plus propres à fe renouveller dans la foi & dans la charité.

Quels font ces exercices ? & quel fruit peut-on s'en promettre ? Veillez & priez, difoit Jéfus-Chrift : *Vigilate & orate* ; & ce qu'il difoit, il le difoit à tous, fans diftinction : *Omnibus dico*. Il le prefcrivoit pour tous les temps de la vie : *Omni tempore orantes*. On doit le dire particuliérement à ceux qui veulent remplir avec utilité le temps de la retraite ; puifqu'elle n'a pour objet que de rappeller le Chrétien à la pratique de fes devoirs ; & que les exercices qu'on lui prescrit pendant ce temps, font ceux mêmes qui en tout temps lui font ordonnés. On n'exige de lui que plus d'attention & d'assiduité à remplir ces différents exercices. Ainsi la priere, qui est la nourriture quotidienne de son ame, doit être pendant la retraite, plus fervente & plus assidue ; la vigilance nécessaire en toute occasion, & surtout au moment de la tentation, doit être, pendant ce saint temps, plus habituelle & plus réfléchie ; puisqu'il s'agit de s'y connoître plus parfaitement, & de s'y prémunir contre les dangers auxquels on est le plus souvent exposé. C'est ce qui a engagé tous les Maîtres de la vie spirituelle, à partager le temps destiné à la retraite, en lectures, prieres, méditations & instructions ; c'est-à-dire, qu'indépendamment du tribut de prieres qu'un Chrétien doit chaque jour à Dieu, & des exercices spirituels qu'il se doit à lui-même, il doit en faire qui se rapportent spécialement à l'objet qu'il se propose dans la retraite. Les lectures doivent y être dirigées, les méditations rappellées & les instructions appliquées à la même fin. Ceux qui suivront avec attention l'ordre présenté dans ce Livre, reconnoîtront que comme c'est à la Fête du Saint-Esprit que nous prépare cette retraite, le Saint-Esprit est l'objet essentiel dont on s'occupe, soit dans les graces qu'on y demande, soit dans les réflexions qu'on y fait, soit dans les résolutions qu'on y prend, soit enfin dans les Pseaumes & Cantiques qu'on y récite & qu'on y chante. On s'appliquera aussi, toutes les années, à engager les Ministres, qui voudront bien se charger des instructions, de rapprocher, autant qu'il leur sera possible, les vérités & les matieres qu'ils traiteront, de la fin particuliere de cette retraite : on a suivi le même plan dans les méditations qui sont placées au commencement de chaque jour. Les perfonnes qui font exercées dans la pratique de la méditation, n'auront pas befoin de s'aider de celles qu'on leur préfente dans ce Livre : l'Efprit-Saint, pour parler au cœur, n'emprunte pas toujours le miniftere des hommes. On a feulement voulu donner une idée de ces exercices aux perfonnes qui n'en connoiflent, ni la nature, ni l'utilité.

La retraite eft-elle compatible avec des occupations multipliées & un travail indifpenfable ?

Si on entendoit par la retraite, une féparation totale & abfolue de toute fociété, une interruption de toutes occupations étrangeres aux exercices de la piété, il faut convenir que peu de Chrétiens pourroient fe livrer à cette fainte pratique, fur-tout dans un quartier où le plus grand nombre eft deftiné à des travaux manuels & journaliers. Dieu, qui eft l'auteur de l'ordre, ne permet jamais d'en fortir ; & tout acte de dévotion qui feroit fubftitué à un devoir, ne feroit point un hommage, mais un outrage fait à la divine Providence. Il eſt donc eſſentiel, en invitant les Fideles à la retraite pendant ces jours, de leur apprendre la maniere d'en profiter, en alliant les exercices qui la compoſent, aux obligations que leur impoſent leurs différents états.

Le moyen général, & qui eſt à la portée de tous, c'eſt de s'unir de cœur & d'eſprit à tout ce qui ſera dit, fait, ou demandé pendant ce ſaint temps, par les Fideles qui ſe réuniront dans le Temple. Dans quelques lieux qu'on ſe trouve, à quelque occupation qu'on ſoit livré, rien n'empêche de réfléchir de temps en temps ſur les graces que l'Eſprit-Saint doit répandre dans l'Égliſe à la prochaine ſolemnité; de ſe rappeller avec reconnoiſſance les différentes époques de ſa vie, où cet Eſprit a daigné nous communiquer ſes dons, & avec confuſion, le peu de fruit qu'on a tiré de ces graces; de se renouveller dans l'esprit de son Baptême & de sa Confirmation; de prendre la résolution de célébrer la Fête de la Pentecôte avec plus de discernement & de ferveur que les années précédentes. Comme ces dispositions du cœur n'exigent, ni démarches, ni pratiques particulieres, elles sont compatibles avec les occupations les plus assujettissantes; & si on se trouvoit dans une impossibilité absolue de se rendre à quelques-uns des exercices qui sont indiqués, on y suppléeroit au moins par le desir joint à ces dispositions. Il est donc aisé de conclure de ces principes, que les exercices de cette retraite s'étendront, ou se resserreront, à proportion de l'état & des occupations; ajoutons même, des infirmités qui peuvent retenir dans leurs maisons des personnes qui auroient le plus d'ardeur à en profiter.

Ainsi, tandis qu'on verra les personnes libres par état, venir assidument à l'Eglise aux différentes heu-

res

res qui font marquées, réciter exac-
tement, dans leurs maifons, toutes
les Prieres qui font indiquées pour
chaque jour; ajouter même aux lectures, aux Pfeaumes & Cantiques
qu'on y confeille, tout ce que les
lumieres d'un Directeur éclairé, ou
leur propre expérience leur aura fait
connoître de plus propre à les faire
entrer dans l'efprit de ces Exercices;
on en verra d'autres fe borner à entendre la fainte Meffe avant leur
travail, & venir à la fin du jour à
l'Inftruction, parce que des occupations néceffaires prendront tout leur
temps; on en verra enfin qui, avec
la volonté & le befoin réel de fe
trouver à tous ces Exercices, ne
pourront y paroître, parce que la
Providence les a placés fous la do-
mination de peres & meres, de maîtres ou maîtreffes peu religieux, &
oppofés à tout ce qui porte le caractere de la dévotion, ou parce que
la nature de leur travail & le befoin
de leurs familles ne permettent pas

de s'en diſtraire d'un moment : les uns & les autres, ſi les diſpoſitions qui ſont marquées plus haut, les animent, auront participé à cette ſainte Retraite, & en éprouveront les fruits. Ainſi les premiers ſe ſeront ſanctifiés par ces Exercices mêmes; les ſeconds, par les efforts qu'ils auront faits pour y prendre part; les derniers, par leurs regrets & leurs deſirs. Faſſe le Seigneur qu'il ne ſe trouve parmi ceux qui y ſeront invités, que des Chrétiens de ce caractere!

On ne doit pas terminer cet Avertiſſement, ſans prévenir les Fideles qui veulent participer utilement à cette Retraite, que la premiere & la plus utile préparation, eſt la Confeſſion ſacramentelle. Que toutes vos œuvres, dit l'Apôtre, ſe faſſent dans la charité: *Omnia veſtra in caritate fiant.* Il ſeroit à ſouhaiter ſans doute que l'Eſprit-Saint habitât déja par la grace ſanctifiante dans le cœur de ceux qui ſuivront ces Exercices;

mais comme la converſion des pécheurs n'eſt pas moins l'objet de
cette Retraite, que l'avancement des
juſtes, il faut au moins que ceux-là
commencent à donner des eſpérances ſolides de leur retour vers Dieu ;
qu'ils prouvent, par une humble &
ſincere confeſſion, qu'ils ſont animés de la premiere diſpoſition que
demande le Concile de Trente, après
S. Auguſtin : une crainte ſalutaire,
produite par cet Eſprit qui n'habite
point encore, mais qui fait ſentir à
l'ame les impulſions de ſa grace : *Non
quidem habitantis, ſed moventis.*

Si cette ſainte carriere commence par la pénitence, elle doit ſe terminer, pour pluſieurs, par la participation au Corps adorable de Jéſus-
Chriſt à la ſolemnité prochaine. Les
Communions doivent être, & plus
nombreuſes, & plus ſaintes ; c'eſt le
fruit qu'on doit attendre de tant d'e-
xercices édifiants. C'eſt par ce Sa-
crement que Jéſus-Chriſt nous communique plus efficacement ſon Eſ-

prit, & qu’il accomplit la promesse qu’il a faite à ses Disciples, de ne point les laisser orphelins, de demeurer avec eux jusqu’à la consommation des siecles. Apprenons, pendant ce temps, à ne nous jamais approcher de la sainte Table, sans le juste discernement qu’exige cette nourriture spirituelle : apprenons surtout, que pour mériter de vivre de Jésus-Christ, il faut, avant & après la Communion, vivre de la vie de Jésus-Christ.

Il ne paroît pas nécessaire d’avertir les ames vraiment fideles de l’obligation où elles sont, d’offrir à Dieu leurs prieres pour la personne qui a fondé ce pieux établissement. Quiconque aura suivi avec fruit ces Exercices, sentira combien ce devoir est dicté par l’esprit de charité. Cette réflexion ne peut être utile que pour ceux qui, peu accoutumés à gouter les choses de Dieu, ne sentiroient pas le prix de cette Retraite. Si Dieu daigne les toucher par quelques-unes des Instructions, ils se souviendront au moins que ce temps est devenu l'époque de leur changement; & ce souvenir suffira pour intéresser leur reconnoissance.

C'est à la miséricorde de celui qui nous a préparé ce nouveau moyen de salut, à le bénir, à le faire fructifier; & nous lui en rendrons nos actions de graces, maintenant & dans les siecles des siecles.

Ainsi soit-il.

TABLE

DES EXERCICES

DE LA RETRAITE.

Fin de la Table des Exercices.

ORDRE

ORDRE

DES EXERCICES.

TOus les matins à cinq heures précises, les jours ouvriers, jusqu'au Samedi de la Pentecôte inclusivement, on fera la Priere dans le Chœur, au pied de l'Autel. On chantera *Veni, Creator*, & on dira une Messe basse.

Cet Exercice est particuliérement destiné aux gens de travail & aux domestiques, que leur service retient ordinairement auprès de leurs maîtres dans la matinée.

A dix heures & demie, une Messe basse au Chœur, précédée du dernier Pseaume de la Pénitence.

A six heures du soir, on chantera *Miserere*, ensuite une Instruction, suivie du Salut, de la Bénédiction du Saint-Ciboire & de la Priere du Soir.

A

PRIERE DU MATIN.

Au nom du Pere, & du Fils, & du Saint-
Efprit. Ainfi foit-il.

Mettons-nous en la préfence de Dieu.

MON Dieu, nous fommes ici affem-
blés en votre nom au commencement de ce jour, pour vous adorer & vous
remercier de toutes les graces que nous
avons reçues de votre bonté, & pour vous
demander celles qui nous font néceffaires.

℣. Efprit-Saint, venez en nous, & répandez dans nos ames les rayons de votre
divine lumiere.

℟. Venez en nous.

℣. Vous qui êtes le Pere des Pauvres,
l'Auteur des graces & la lumiere des cœurs.

℟. Venez en nous.

℣. Divin Confolateur des Fideles, Hôte
aimable de nos ames, foulagement de nos
efprits.

℟. Venez en nous.

℣. Repos dans nos travaux, rafraîchiffe-
ment dans nos ardeurs, confolation dans
nos déplaifirs.

℟. Venez en nous.

℣. O lumiere bienheureufe ! rempliffez

le fond du cœur de vos Fideles de vos divines clartés.

℟. Venez en nous.

℣. Sans votre grace divine, il n'y a rien de bon dans l'homme, il n'y a rien d'innocent.

℟. Venez en nous.

℣. Lavez-nous donc de nos taches, arrosez nos sécheresses, guérissez nos maladies.

℟. Venez en nous.

℣. Amollissez nos duretés, échauffez nos froideurs, redressez nos égaremens.

℟. Venez en nous.

℣. Donnez à vos Fideles, qui se confient en votre bonté, les sept principaux dons de votre grace.

℟. Venez en nous.

℣. Donnez-nous les mérites d'une bonne vie, l'accomplissement du salut & la joie de l'éternité.

℟. Ainsi soit-il.

JE vous adore, ô mon Dieu ! par tous les actes d'adoration qui sont dus à votre divine Majesté.

Je vous remercie de tout mon cœur de ce que vous m'avez donné une ame capable de vous connoître, de vous aimer & de vous posséder pendant toute l'éternité.

Je vous remercie, mon divin Sauveur,

de ce que vous m'avez racheté par le prix de votre sang & de votre vie, & de ce que vous m'avez conservé pendant toutes les heures & tous les moments de la mienne, & particuliérement cette derniere nuit.

Recevez, Pere Eternel, les très-humbles reconnoissances que j'ai de vos graces, & accordez-m'en continuellement de nouvelles, par les mérites de notre Seigneur Jésus-Christ votre Fils.

℟. Ainsi soit-il.

Que chacun pense aux fautes auxquelles il sent plus d'inclination, & qu'il demande à Dieu la grace & la force de ne plus y retomber.

MOn Dieu, je vous offre les résolutions que je viens de prendre; bénissez-les, Seigneur, afin que je les accomplisse pour votre plus grande gloire : faites-moi connoître & accomplir votre sainte volonté, & disposez entiérement de la mienne. Tout est à vous, tout vient de vous, & je me soumets en toutes choses à votre sainte & adorable Providence. Je vous demande seulement votre amour, & la grace de plutôt mourir, que de faire un péché mortel.

℣. Jésus-Christ, Fils du Dieu vivant,

℟. Ayez pitié de nous.

℣. Vous qui êtes assis à la droite du Pere,

℟. Ayez pitié de nous.

℣. Jésus-Chrift, aſſiſtez nous,

℟. Et délivrez-nous pour la gloire de votre nom.

℣. Seigneur, nous implorons votre aſſiſtance,

℟. Et nous vous préſentons nos prieres dès le matin.

℣. Seigneur, détournez vos yeux pour ne plus voir nos offenſes,

℟. Et effacez tous nos péchés.

℣. Mon Dieu, créez en nous un cœur pur,

℟. Et renouvellez l'eſprit de juſtice au fond de notre ame.

℣. Ne nous rejettez pas hors de votre préſence,

℟. Et ne retirez pas de nous votre Saint-Eſprit.

℣. Seigneur, exaucez nos prieres,

℟. Et que nos voix s'élevent juſqu'à vous.

MOn Dieu, qui étant offenſé par les péchés, êtes appaiſé par la pénitence, conſidérez avec bonté les prieres de votre peuple, afin qu'il reçoive le pardon de toutes ſes fautes, de celui même qui lui fait la grace de le demander ; par Jéſus-Chrift notre Seigneur.

℟. Ainſi ſoit-il.

L'Oraison Dominicale.

NOTRE Pere, qui êtes dans les Cieux ; que votre nom soit sanctifié ; que votre regne arrive ; que votre volonté soit faite en la terre comme au Ciel : donnez-nous aujourd'hui notre pain de chaque jour, & pardonnez - nous nos offenses , comme nous pardonnons à ceux qui nous ont offensés. Ne nous laissez point succomber à la tentation ; mais délivrez-nous du mal.

℞. Ainsi soit-il.

La Salutation Angélique.

JE vous salue, Marie , pleine de grace , le Seigneur est avec vous : vous êtes bénie par-dessus toutes les femmes , & Jésus , le fruit de vos entrailles, est béni.

Sainte Marie , Mere de Dieu , priez pour nous , pauvres pécheurs, maintenant & à l'heure de notre mort.

℞. Ainsi soit-il.

Le Symbole des Apôtres.

JE crois en Dieu le Pere tout-puissant, Créateur du ciel & de la terre; & en Jésus-Christ, son Fils unique, notre Seigneur, qui a été conçu du Saint - Esprit; qui est né de la Vierge Marie ; qui a souffert sous Ponce Pilate, qui a été crucifié, qui est mort, & qui a été enseveli; qui

est descendu aux enfers, & qui le troisieme jour est ressuscité des morts ; qui est
monté aux Cieux ; qui est assis à la droite
du Pere tout-puissant ; & qui delà viendra
juger les vivants & les morts. Je crois au
Saint-Esprit ; la sainte Eglise Catholique ;
la communion des Saints ; la rémission des
péchés ; la résurrection de la chair & la
vie éternelle. Ainsi soit-il.

Les dix Commandements de Dieu.

1. UN seul Dieu tu adoreras,
   Et aimeras parfaitement.
2. Dieu en vain tu ne jureras,
   Ni autre chose pareillement.
3. Les Dimanches tu garderas,
   En servant Dieu dévotement.
4. Pere & mere honoreras,
   Afin que tu vives longuement.
5. Homicide tu ne feras,
   De fait, ni volontairement.
6. Impudique point ne feras,
   De corps, ni de consentement.
7. Le bien d'autrui tu ne prendras,
   Ni retiendras à ton escient.
8. Faux témoignages ne diras,
   Ni mentiras aucunement.
9. La femme ne convoiteras,
   De ton prochain charnellement.
10. Biens d'autrui ne désireras,
    Pour les avoir injustement.

*Les Commandemens de la sainte Eglise
notre Mere.*

1. LEs Dimanches Messe ouiras,
    Et Fêtes de commandement.
2. Tous tes péchés confesseras,
    A tout le moins une fois l'an.
3. Ton Créateur tu recevras,
    Au moins à Pâques humblement.
4. Les Fêtes tu sanctifieras,
    En servant Dieu dévotement.
5. Quatre-Temps, Vigiles jeûneras,
    Et le Carême entiérement.
6. Vendredi chair ne mangeras,
    Ni le Samedi mêmement.

LITANIES DU S. NOM DE JÉSUS.

SEigneur, ayez pitié de nous.
Jésus-Christ, ayez pitié de nous.
Seigneur, ayez pitié de nous.
Jésus, écoutez-nous.
Jésus, exaucez-nous.
Pere céleste, qui êtes Dieu,
Fils, Rédempteur du monde, qui êtes
    Dieu,
Esprit-Saint, qui êtes Dieu,
Trinité sainte, qui êtes un seul Dieu,
Jésus, Fils du Dieu vivant,
Jésus, qui êtes la splendeur du Pere,

Ayez pitié de nous.

Jésus, qui êtes l'éclat de la lumiere
éternelle,
Jésus, qui êtes le Roi de gloire,
Jésus, qui êtes le soleil de justice,
Jésus, qui êtes le Fils de la Vierge Marie,
Jésus, qui êtes l'Admirable,
Jésus, qui êtes le Dieu fort,
Jésus, qui êtes le Pere du siecle à venir,
Jésus, qui êtes l'Ange du grand conseil,
Jésus, qui êtes tout-puissant,
Jésus, qui avez été très-patient,
Jésus, qui avez été très-obéissant,
Jésus, doux & humble de cœur,
Jésus, amateur de la chasteté,
Jésus, notre amour,
Jésus, qui êtes le Dieu de paix,
Jésus, qui êtes l'auteur de la vie,
Jésus, qui êtes le modele des vertus,
Jésus, qui êtes plein de zele pour le
salut des ames,
Jésus, qui êtes notre Dieu,
Jésus, qui êtes notre unique refuge,
Jésus, qui êtes le Pere des Pauvres,
Jésus, qui êtes le trésor des Fideles,
Jésus, qui êtes le bon Pasteur,
Jésus, qui êtes la vraie Lumiere,
Jésus, qui êtes la Sagesse éternelle,
Jésus, qui êtes la Bonté infinie,
Jésus, qui êtes notre voie & notre vie,
Jésus, qui êtes la joie des Anges,
Jésus, qui êtes le Maître des Apôtres,

Ayez pitié de nous.

A 5

Jésus, qui êtes le Docteur des Evan-
　　gélistes,
Jésus, qui êtes la force des Martyrs,
Jésus, qui êtes la lumiere des Con-
　　fesseurs,
Jésus, qui êtes la pureté des Vierges,
Jésus, qui êtes la couronne de tous les
　　Saints,
Soyez-nous propice, Pardonnez-nous,
　　ô Jésus.
Soyez-nous propice, Exaucez-nous,
　　ô Jésus.
De tout péché, Délivrez-nous, Jésus.
De votre colere,
Des piéges du diable,
De l'esprit d'impureté,
De la convoitise de la chair,
De la convoitise des yeux,
De l'orgueil de la vie,
De toutes les occasions de péché,
D'une mauvaise mort,
De la damnation éternelle,
De la négligence de vos divines inspi-
　　rations,
Par le Mystere de votre sainte incar-
　　nation,
Par votre naissance,
Par votre enfance,
Par votre vie toute divine,
Par vos travaux,
Par vos saintes instructions,

Par votre agonie & votre paſſion,
Par votre croix & votre délaiſſement,
Par vos langueurs,
Par votre mort & votre ſépulture,
Par votre réſurrection,
Par votre glorieuſe aſcenſion,
Par vos joies,
Par votre gloire,

Agneau de Dieu, qui effacez les péchés du monde, Pardonnez-nous, ô Jéſus.

Agneau de Dieu, qui effacez les péchés du monde, Exaucez-nous, ô Jéſus.

Agneau de Dieu, qui effacez les péchés du monde, Faites-nous miſéricorde, ô Jéſus.

Jéſus, écoutez-nous.
Jéſus, exaucez-nous.

Prions.

DIvin Jéſus, qui avez dit : Demandez, & on vous donnera; cherchez, & vous trouverez; frappez à la porte, & on vous ouvrira : nous vous ſupplions de nous donner votre divin amour, afin que nous vous aimions de tout notre cœur, que nos paroles & nos œuvres ſoient conformes à cet amour, & que nous ne ceſſions jamais de vous louer. ℞. Ainſi ſoit-il.

SEigneur Jéſus, donnez-nous la crainte & l'amour de votre humanité, que vous avez conſacrée par une onction toute divine, puifque vous n'abandonnez jamais ceux que vous avez établis en la folidité **de vo**tre amour.

℟. Ainfi foit-il.

SEIGNEUR, nous vous fupplions de prévenir toutes nos actions par votre efprit, & de les conduire enfuite par une affiftance continuelle de votre grace, afin que toutes nos prieres & toutes nos œuvres fortent de vous, comme de leur principe, & fe rapportent à vous, comme à leur unique fin; par J. C. notre Seigneur.

℟. Ainfi foit-il.

℣. Seigneur, daignez en ce jour,

℟. Nous garder de tout péché.

℣. Ayez pitié de nous, Seigneur,

℟. Ayez pitié de nous.

℣. Répandez fur nous votre miféricorde & votre grace,

℟. Selon l'efpérance que nous avons mife en vous.

SEIGNEUR Dieu, Roi du ciel & de la terre, daignez, s'il vous plaît, conduire & fanctifier, régler & gouverner en ce jour nos cœurs & nos corps, nos fens, nos difcours & nos actions, en forte que nous gardions votre Loi, & que nous accompliffions vos faints Commandements; afin que dans le cours de cette vie, & durant l'éternité, nous méritions d'être délivrés & fauvés par le fecours de votre grace, ô Sauveur du monde ! qui vivez & régnez dans tous les fiecles des fiecles.

℟. Ainfi foit-il.

SEIGNEUR, qui, par une Providence ineffable, avez la bonté de nous faire garder par vos faints Anges; faites - nous la grace d'être toujours défendus par leur puiffante protection, & de jouir éternellement de leur compagnie.

℟. Ainfi foit-il.

Offrons à Dieu les peines & les afflictions qui peuvent nous arriver aujourd'hui.

SEIGNEUR, faites-moi la grace de fouffrir avec patience, humilité & douceur, toutes les peines & toutes les croix qu'il vous plaira m'envoyer aujourd'hui. Uniffez-les à celles de Jéfus-Chrift votre Fils, & recevez-les en fatisfaction & en pénitence de mes péchés.

℟. Ainfi foit-il.

Offrons à Dieu notre travail.

MON Dieu, je vous offre mon travail. Purifiez le cœur qui vous le confacre, & les mains qui doivent s'y employer. Acceptez-le, mon Dieu, comme une partie de la pénitence que je dois faire. Que je me fouvienne toujours que vous y êtes préfent, & que je dois honorer votre divine préfence, par de fréquentes élévations de mon cœur vers vous. Uniflez mes travaux à ceux de Jéfus-Chrift, afin que cette union les fanctifie & les rende utiles à mon falut.

℟. Ainfi foit-il.

℣. Angelus Dómini nuntiávit Maríæ,
℟. Et concépit de Spíritu fanéto.
　　Ave, María, &c.
℣. Ecce ancilla Dómini ;
℟. Fiat mihi fecundùm verbum tuum.
　　Ave, María, &c.
℣. Et Verbum caro factum eft,
℟. Et habitávit in nobis.
　　Ave, María, &c.
℣. Ora pro nobis, fanéta Dei Génitrix,
℟. Ut digni efficiámur promiffiónibus Chrifti.

Orémus.

GRATIAM tuam, quæfumus, Dómine, méntibus noftris infunde : ut qui, Angelo nuntiante, Chrifti Fílii tui incarnatiónem cognóvimus, per paffiónem ejus & crucem, ad refurreétiónis glóriam perducámur : Per eumdem Chriftum Dóminum noftrum. ℟. Amen.

℣. Seigneur, établiffez nos jours & nos aétions dans votre fainte paix.

℟. Ainfi foit-il.

℣. Que le Seigneur dresse nos cœurs & nos corps à l'amour de Dieu & à l'attente de Jésus-Christ.

℞. Ainsi soit-il.

℣. Notre unique secours est dans le nom & la toute-puissance du Seigneur,

℞. Qui a fait le ciel & la terre.

℣. Que le Seigneur nous bénisse & nous garde de tout mal ; qu'il nous conduise à la vie éternelle, & que par sa miséricorde, les ames des Fideles qui sont morts, reposent en paix. Au nom du Pere, & du Fils, & du Saint-Esprit.

℞. Ainsi soit-il.

Avant la Messe de cinq heures.

VEni, Creátor Spíritus ; Mentes tuórum vísita ; Imple supernâ grátiâ Quæ tu creásti péctora.

Qui Paraclétus díceris, Donum Dei altíssimi, Fons vivus, ignis, cáritas,

VEnez, Esprit Créateur ; daignez visiter ceux qui font gloire de vous appartenir, & remplissez de votre grace les cœurs que vous avez formés.

Nous vous adorons, comme notre Consolateur & notre Avocat : vous êtes, par excellence, le don du Très-Haut, la source de la justice &

de la vie, le feu sacré, & la divine onction qui nous consacre à notre Dieu.

Nous trouvons en vous tous les dons célestes ; vous êtes, par rapport à nous, le doigt de la droite de Dieu, & le premier objet de sa promesse : c'est vous seul qui faites publier ses merveilles, & chanter dignement ses louanges.

Venez donc, ô divin Esprit, éclairer nos ames par votre lumiere, & répandre l'amour divin dans nos cœurs : soutenez notre foiblesse, par les secours continuels de votre grace.

Nous vous supplions d'écarter loin de nous notre ennemi, de nous rendre la paix, & d'être vous - même notre conducteur, pour nous faire éviter tout ce qui seroit nuisible à notre salut.

Et spiritális únctio.

Tu septiformis múnere,
Dextræ Dei tu dígitus,
Tu ritè promíssum Patris,
Sermóne ditans gúttura.

Accende lumen sénsibus,
Infunde amórem córdibus,
Infirma nostri córporis
Virtúte firmans pérpeti.

Hostem repellas lóngiùs,
Pacemque dones prótinùs ;
Ductóre sic te prævio
Vitémus omne nóxium.

PER te sciámus da Patrem, Noscámus atque Fílium ; Te utriusque Spíritum Credámus omni témpore.

FAITES que nous connoissions par vous le Pere & le Fils, & que nous ne cessions jamais de vous adorer comme l'Esprit de l'un & de l'autre.

SIT laus Patri, laus Fílio ; Par sit tibi laus, Spíritus, Afflante quo, mentes sacris Lucent & ardent ígnibus. Amen.

GLOIRE au Pere, gloire au Fils, gloire au Saint-Esprit, dont le souffle divin répand la charité dans les cœurs, & les remplit d'une céleste lumiere.

Ainsi soit-il.

Avant la Messe de dix heures.

DOmine, exaudi oratiónem meam : * áuribus pércipe obsecratiónem meam in veritáte tuâ ; exaudi me in tuâ justítiâ.

Et non intres in judícium cum servo tuo ; * quia non justificábitur in

SEigneur, écoutez ma priere ; prêtez l'oreille à mon humble demande, selon votre promesse ; exaucez-moi, selon votre justice.

Mais n'entrez point en jugement avec votre serviteur ; parce que nul homme vivant ne sera *trouvé innocent devant vous.*

L'ennemi me poursuit pour m'ôter la vie : déja il m'a renversé par terre.

Il m'a obligé de demeurer dans des lieux obscurs, comme ceux qui sont morts depuis long-temps : mon esprit est dans la détresse, & mon cœur est saisi de trouble & d'effroi.

Je rappelle le souvenir des jours anciens ; je repasse dans mon esprit toutes vos merveilles ; je médite sur les œuvres de votre puissance.

J'éleve les mains vers vous ; & mon ame vous attend, comme une terre seche attend la pluie.

Seigneur, hâtez-vous de m'exaucer ; car mon esprit tombe dans la défaillance.

Ne détournez pas de

conspéctu tuo omnis vivens.

Quia persecútus est inimícus ánimam meam : * humiliávit in terra vitam meam.

Collocávit me in obscúris sicut mórtuos séculi ; * & anxiátus est super me spíritus meus : in me turbátum est cor meum.

Memor fui diérum antiquórum : meditátus sum in ómnibus opéribus tuis : * in factis mánuum tuárum meditábar.

Expandi manus meas ad te : * ánima mea sicut terra sine aquâ tibi.

Velóciter exaudi me, Dómine ; * defécit spíritus meus.

Non avertas fáciem tuam à me ; * & símilis ero descendéntibus in lacum.

Audítam fac mihi manè misericórdiam tuam ; * quia in te sperávi.

Notam fac mihi viam in qua ámbulem ; * quia ad te levávi ánimam meam.

Eripe me de inimícis meis, Dómine ; ad te confúgi : * doce me fácere voluntátem tuam ; quia Deus meus es tu.

Spíritus tuus bonus dedúcet me in terram rectam : * propter nomen tuam, Dómine, vivificábis me in æquitáte tuâ.

Edúces de tribulatióne ánimam meam ; * & in mi-

---

moi votre visage ; autrement je deviendrois semblable à ceux qui descendent dans le tombeau.

Faites-moi entendre dès le matin la voix de votre miséricorde ; parce que j'ai mis en vous mon espérance.

Faites-moi connoître la voie par laquelle je dois marcher ; parce que je tiens mon ame élevée vers vous.

Délivrez-moi de mes ennemis, Seigneur, puisque j'ai recours à vous : enseignez-moi à faire votre volonté ; car vous êtes mon Dieu.

Que votre esprit plein de bonté me conduise par un chemin droit : Seigneur, faites-moi vivre selon les regles de votre justice, pour la gloire de votre nom.

Tirez mon ame de l'affliction ; & que votre bonté pour moi ôte à mes ennemis le pouvoir & la volonté de me nuire.

Confondez les desseins de tous ceux qui affligent mon ame ; parce que je suis votre serviteur.

Gloire au Pere, &c.

sericórdiâ tuâ dísperdes inimícos meos.

Et perdes omnes qui tríbulant ánimam meam ; * quóniam ego servus tuus sum.

Glória Patri, &c.

Avant l'Instruction du Soir.

AYez pitié de moi, mon Dieu, selon l'étendue de votre miséricorde ;

Et effacez mon iniquité, selon la grandeur & la multitude de vos bontés.

Lavez - moi de mon iniquité de plus en plus, & purifiez-moi de mon péché.

Car je reconnois mon iniquité, & ma faute est toujours présente à mes ieux.

MIserére meî, Deus, * secundùm magnam misericórdiam tuam ;

Et secundùm multitúdinem miseratiónum tuárum, * dele iniquitátem meam.

Ampliùs lava me ab iniquitáte meâ, * & à peccáto meo munda me.

Quóniam iniquitátem meam ego cognósco, * & peccátum meum contra me est semper.

Tibi soli peccávi, & malum coram te feci; * ut justificéris in sermónibus tuis, & vincas cùm judicáris.

Ecce enim in iniquitátibus conceptus sum, * & in peccátis concépit me mater mea.

Ecce enim veritátem dilexísti : * incerta & occulta sapiéntiæ tuæ manifestásti mihi.

Asperges me hyssópo, & mundábor : * lavábis me, & super nivem dealbábor.

Audítui meo dabis gaúdium & lætítiam ; * & exultábunt ossa humiliáta.

Avérte fáciem

C'est contre vous seul que j'ai péché : j'ai commis le mal en votre présence ; pardonnez-moi, afin que vous soyez reconnu fidele dans vos promesses, & irréprochable dans vos jugemens.

Vous savez que j'ai été engendré dans l'iniquité, & que ma mere m'a conçu dans le péché.

Vous aimez la vérité, Seigneur, & vous m'avez instruit des mysteres de votre sagesse.

Purifiez-moi donc avec l'hysope, & alors je serai pur : lavez-moi, & je deviendrai plus blanc que la neige.

Faites-moi entendre une parole de consolation & de joie ; & mes os que vous avez brisés, tressailliront d'alégresse.

Détournez vos ieux

pour ne plus voir mes offenses, & effacez tous mes péchés.

Créez en moi un cœur pur, ô mon Dieu ; & renouvellez au fond de mes entrailles l'esprit de droiture & de justice.

Ne me rejettez pas de votre présence, & ne retirez pas de moi votre Esprit-Saint.

Rendez-moi la joie de votre assistance salutaire, & fortifiez-moi par votre Esprit souverain.

J'apprendrai vos voies aux pécheurs ; & les impies se convertiront à vous.

O Dieu, ô Dieu mon Sauveur, délivrez-moi des peines que méritent mes actions sanguinaires ; & ma langue publiera avec joie votre justice.

Seigneur, vous ou-

tuam à peccátis meis, * & omnes iniquitátes meas dele.

Cor mundum crea in me, Deus; * & spíritum rectum innova in viscéribus meis.

Ne projícias me à facie tuâ, * & Spíritum sanctum tuum ne aúferas à me.

Redde mihi lætítiam salutáris tui ; * & Spíritu principáli confirma me.

Docébo iníquos vias tuas : * & ímpii ad te convertentur.

Líbera me de sanguínibus, Deus, Deus salútis meæ; * & exultábit lingua mea justítiam tuam.

Dómine, lábia

mea apéries ; * & os meum annuntiábit laudem tuam.

Quóniam si voluísses sacrifícium, dedíssem útique ; * holocaustis non delectáberis.

Sacrifícium Deo spíritus contribulátus : * cor contrítum & humiliátum, Deus, non despícies.

Benignè fac, Dómine, in bonâ voluntáre tuâ Sion ; * ut ædificentur muri Jerúsalem.

Tunc acceptábis sacrifícium justítiæ, oblatiónes & holocausta : * tunc impónent super altáre tuum vítulos.

Glória Patri, &c.

vrirez mes levres ; & ma bouche annoncera vos louanges.

Si vous aimiez les sacrifices, je vous en offrirois ; mais les holocaustes ne sont pas ce que vous demandez.

Le sacrifice que Dieu demande, est un esprit pénétré de douleur : vous ne mépriserez pas, ô mon Dieu, un cœur contrit & humilié.

Par un effet de votre bonté, Seigneur, répandez vos bénédictions sur Sion, & bâtissez les murs de Jérusalem.

Vous agreerez alors les sacrifices de justice, les offrandes & les holocaustes : alors on vous offrira des victimes d'action de graces sur votre autel.

Gloire au Pere, &c.

AU SALUT.

VENEZ, Esprit-Saint, remplissez les cœurs de vos Fideles, & embrasez-les du feu de votre amour.

℣. *Envoyez votre Esprit, & il se fera une création nouvelle,*

℞. *Et vous renouvellerez la face de la terre.*

Prions.

O Dieu, qui avez instruit les cœurs des Fideles par la lumiere du Saint-Esprit, donnez-nous, par ce même Esprit, la connoissance & l'amour de la justice, & faites qu'il nous remplisse toujours de ses divines consolations : Par notre Seigneur Jésus-Christ.

℞. *Ainsi soit-il.*

VENI, sancte Spiritus, reple tuórum corda fidélium, & tui amóris in eis ignem accende.

℣. Emitte Spíritum tuum, & creabuntur,

℞. Et renovábis fáciem terræ.

Orémus.

DEus, qui corda fidélium sancti Spíritûs illustratióne docuisti; da nobis in códem Spíritu recta sápere, & de ejus semper consolatióne gaudére : Per Christum Dóminum nostrum.

℞. Amen.

HYMNE.

H Y M N E.

JEsu, nostra redémptio,
Amor & desidérium,
Deus creátor ómnium,
Homo in fine témporum :

QUÆ te vicit cleméntia,
Ut ferres nostra crímina,
Crudélem mortem pátiens,
Ut nos à morte tólleres ?

INFERNI claustra pénetrans,
Tuos captívos rédimens ;
Victor triumpho nóbili,
Ad dextram Patris résidens.

IPSA te cogat píetas,
Ut mala nostra

O Jésus, qui êtes notre rédemption, notre amour & l'objet de nos desirs, & qui, après avoir créé l'Univers, vous êtes fait homme sur la fin des temps :

C'EST par le mouvement d'une miséricorde sans borne, que vous vous êtes chargé de nos péchés, & que vous vous êtes livré à une mort cruelle, pour nous délivrer nous-mêmes de la mort.

C'EST par cette même bonté infinie que vous êtes descendu dans les enfers, pour en tirer vos captifs ; & vous élevant pour prendre place à la droite du Pere, vous les avez associés à votre triomphe glorieux.

QUE la même charité, Seigneur, vous engage à vaincre l'excès de nos maux, par une miséricorde encore plus grande : remplissez nos desirs, & faites que, vous contemplant face à face, nous soyons rassasiés à jamais des délices de votre maison.

SOYEZ maintenant notre joie, comme vous devez être un jour notre récompense ; soyez notre gloire dans tous les siecles des siecles.

Ainsi soit-il.

℣. Le Seigneur a établi son trône dans les cieux,

℞. Et tout sera assujetti à son empire.

Prions.

DAIGNEZ, Seigneur, écouter nos humbles prieres : & comme nous confessons que le Sauveur du genre humain, Jésus-Christ no-

superes
Parcendo, & voti cómpotes
Nos tuo vultu sáties.

Tu esto nostrum gáudium,
Qui es futúrus præmium ;
Sit nostra in te glória
Per cuncta semper sécula.
Amen.

℣. Dóminus in cœlo parávit sedem suam,

℞. Et regnum ipsius ómnibus dominábitur.

Orémus.

ADESTO, Dómine, supplicatiónibus nostris : ut sicut humáni géneris Salvatórem confedére tecum in tuâ Majestáte confitémur; ita usque ad consummatiónem séculi manére nobiscum, quemádmodum est pollícitus, sentiámus Jesum Christum Dóminum nostrum.

℞. Amen.

SUb tuum præsídium confúgimus, sancta Dei Génitrix : nostras deprecatiónes ne despícias in necessitátibus; sed à perículis cunctis líbera nos semper, Virgo gloriósa & benedícta.

℣. Ora pro nobis, sancta Dei Génitrix,

℞. Ut digni efficiámur promissiónibus Christi.

tre Seigneur, est assis avec vous à la droite de votre Majesté souveraine, faites que nous ayons le bonheur de l'avoir au milieu de nous jusqu'à la consommation des siecles, selon la promesse qu'il nous en a faite : Lui qui vit & regne avec vous. Ainsi soit-il.

NOus avons-recours à votre protection, sainte Mere de Dieu; ne méprisez pas les prieres que nous vous adressons dans nos besoins; mais obtenez-nous la délivrance de tous les dangers auxquels nous sommes sans cesse exposés, ô Vierge comblée de gloire & de bénédictions!

℣. Sainte Mere de Dieu, priez pour nous,

℞. Afin que nous devenions dignes des promesses de Jésus-Christ.

Prions.

SEIGNEUR, accordez la paix & la tranquillité à vos serviteurs, & délivrez de tout ennemi & de tout danger ceux qui ont confiance en l'intercession de la sainte Vierge : Nous vous en supplions par notre Seigneur Jésus-Christ. Ainsi soit-il.

Orémus.

PRÓTEGE, Dómine, fámulos tuos subsidiis pacis ; & beátæ Maríæ semper Vírginis patrocíniis confidentes, à cunctis hóstibus & perículis redde secúros : Per Christum. ℟. Amen.

PRIERES POUR LE ROI.

SEIGNEUR, sauvez notre Roi, & exaucez-nous tous les jours que nous vous invoquerons.

℣. Seigneur, que votre bras protege l'homme de votre droite,

℟. Et le fils de l'homme que vous avez affermi pour votre gloire.

Prions.

FAITES, s'il vous plaît, Dieu tout-puissant, que votre ser-

DOMINE, salvum fac Regem ; & exaudi nos in die quâ invocáverimus te.

℣. Fiat manus tua super virum déxteræ tuæ,

℟. Et super filium hóminis quem confirmásti tibi.

Orémus.

QUÆSUMUS, omnípotens Deus, ut fámulus

tuus Rex noster Ludovícus, qui tuâ miseratióne suscépit regni gubernácula, virtútum étiam ómnium percípiat increménta; quibus decenter ornátus, vitiórum monstra devitáre, hostes superáre; & ad te, qui via, véritas & vita es, gratiósus váleat perveníre : Qui vivis & regnas Deus. ℟. Amen.

viteur Louis, notre Roi, qui, par votre miséricorde, a reçu la conduite du Royaume, reçoive l'accroiffement de toutes les vertus, afin que les poffédant d'une maniere digne d'un Roi, il évite les vices, comme autant de monftres, il furmonte fes ennemis, & que vous étant agréable, il puiffe arriver jufqu'à vous, qui êtes la voie, la vérité & la vie : Vous qui vivez & regnez. Ainfi foit-il

---

A LA BÉNÉDICTION.

AVE, verum corpus natum de Maríâ Vírgine,
VERE paffum immolátum in cruce pro hómine,

JE vous adore, ô vrai Corps né de la Vierge Marie,
QUI avez vraiment fouffert, & avez été immolé fur la croix pour le falut des hommes,

Cujus latus perforátum fluxit aquâ & fánguine.
Esto nobis præ-

DONT le côté, percé d'une lance, a verfé du fang avec de l'eau.
FAITES - NOUS la

grace de vous recevoir en Viatique à l'heure de la mort.	guſtátum mortis in exámine.

<table>
<tr><td>

O Jéſus, plein de douceur,

O Jéſus, plein de bonté,

O Jéſus, Fils de Marie, faites-nous miséricorde. Ainſi ſoit-il.

</td><td>

O Jeſu dulcis,

Jeſu pie,

O Jeſu, Fili Mariæ, tu nobis miſerére. Amen.

</td></tr>
</table>

Après la Bénédiction.

Priere pour la Fondatrice.

J'ÉLEVE les ieux vers vous, ô Dieu qui habitez dans les cieux.

Comme les ſerviteurs tiennent leurs ieux arrêtés ſur la main de leurs maîtres,

Et les ſervantes ſur celles de leurs maîtreſſes : auſſi nous tenons toujours nos ieux arrêtés ſur le Seigneur notre Dieu, juſqu'à ce qu'il ait pitié de nous.

Ayez pitié de nous,

AD te levávi óculos meos,* qui hábitas in cœlis.

Ecce ſicut óculi ſervórum,* in mánibus dominórum ſuórum,

Sicut óculi ancillæ in mánibus dóminæ ſuæ : * ita óculi noſtri ad Dóminum Deum noſtrum, donec miſereátur noſtrî.

Miſerére noſtrî,

Dómine, miserére noſtrî ; * quia multùm repléti ſumus deſpectióne.

Quia multùm repléta eſt ánima noſtra ; * oppróbrium abundántibus, & deſpéctio ſuperbis.

Glória Patri, &c.

℣. Dómine, exaudi oratiónem meam,

℟. Et clamor meus ad te véniat.

℣. Dóminus vobiſcum.

℟. Et cum ſpíritu tuo.

Orémus.

DEus, qui caritátis dona per grátiam ſancti Spíritûs fidélium córdibus infudiſti, da fámulæ tuæ pro quâ tuam deprecámur cleméntiam,

Seigneur, ayez pitié de nous ; car il y a long-temps que nous ſommes accablés d'injures & de mépris.

Il y a long-temps que notre ame eſt l'objet de la raillerie des heureux du ſiecle, & des inſultes des ſuperbes.

Gloire au Pere, &c.

℣. Seigneur, exaucez ma priere,

℟. Et que mes cris s'élevent juſqu'à vous.

℣. Le Seigneur ſoit avec vous.

℟. Et avec votre eſprit.

Prions.

O Dieu, qui, par la grace du Saint-Eſprit, avez répandu les dons de la charité dans le cœur des Fideles, accordez à votre ſervante, pour laquelle nous implorons votre clémence, le salut de l'ame & du corps, afin qu'elle vous aime de tout son cœur, & qu'elle accomplisse de toute sa force les œuvres qui peuvent vous plaire : Par Jésus-Christ notre Seigneur.

Ainsi soit-il.

salútem mentis & córporis ; ut te totâ virtúte díligat, & quæ tibi plácita sunt totâ virtúte perfíciat : Per Christum Dóminum nostrum.

℞. Amen.

PRIERE DU SOIR.

In nómine Patris, & Fílii, & Spíritûs
sancti. Amen.

Mettons-nous en la présence de Dieu.

VEni, sancte Spíritus, reple tuórum
corda fidélium, & tui amóris in eis
ignem accende.

℣. Emitte Spíritum tuum, & creabuntur,
℟. Et renovábis fáciem terræ.

Orémus.

DEus, qui corda fidélium sancti Spíritûs illustratióne docuísti ; da nobis in
eódem Spiritu recta sápere, & de ejus semper consolatióne gaudére : Per Christum
Dóminum nostrum.

℟. Amen.

MON Dieu, nous sommes ici assemblés
à la fin de ce jour, pour vous adorer & vous remercier de toutes vos graces, reconnoissant qu'elles sont un pur effet
de votre bonté.

Je vous remercie, mon Dieu, de ma
création, conservation & rédemption : je
vous remercie de ce que vous m'avez fait
Chrétien & enfant de l'Eglise Catholique ;

de ce que vous m'avez donné votre Fils pour Sauveur, & avec ce Fils bien-aimé toutes sortes de bénédictions ; de ce que vous m'avez donné son sang pour me purifier de mes péchés, sa grace pour me sauver, son corps pour nourrir mon ame, & son Esprit pour me sanctifier : grand Dieu, je vous remercie de tant de bienfaits ! ne souffrez pas que j'en sois ingrat, & daignez recevoir les très - humbles remerciements que j'en rends à votre divine Majesté.

Remercions Dieu, chacun en particulier, des biens que nous avons reçus de luï aujourd'hui : prions-le de nous donner la lumiere & la grace qui nous sont nécessaires, pour connoître, haïr & détruire tout le mal qui est en nous.

SEIGNEUR, dont la lumiere découvre l'iniquité la plus cachée, éclairez nos esprits, & faites-nous la grace de connoître & de détester sincérement tous nos péchés. R̥. Ainsi soit-il.

JE me confesse à Dieu tout-puissant, à la bienheureuse Marie toujours Vierge, à saint Michel Archange, à saint Jean-Baptiste, aux Apôtres saint Pierre & saint Paul, à tous les Saints & Saintes, & à vous, mes freres, de tous les péchés que j'ai commis, en pensées, paroles, actions & omissions.

*Examinons notre conscience sur tous les pé-
chés que nous avons pu commettre aujour-
d'hui, & principalement sur les fautes auxquelles nous avons une plus grande inclination. Il faut s'arrêter quelques moments
à examiner sa conscience : après quoi on
dira.*

RECONNOISSANT combien nous sommes
coupables devant la majesté de Dieu,
demandons-lui très-humblement pardon de
tous nos péchés, & que chacun lui dise dans
le fond de son cœur : Mon Dieu, j'ai un
très-grand regret de vous avoir offensé,
parce que vous êtes infiniment bon, & que
le péché vous déplaît : je propose ferme-
ment, en m'appuyant sur votre grace, de
ne point retourner aux fautes que j'ai faites ; je mets tout en l'abyme de votre grande miséricorde, & au pied de la croix de
votre cher Fils, vous suppliant très-humblement en son nom, & pour l'amour de
lui, de me pardonner tous les péchés que
j'ai commis ; par ma faute, par ma propre
faute, par ma très-grande faute.

C'est pourquoi je supplie la bienheureuse
Marie toujours Vierge, S. Michel Archange, S. Jean-Baptiste, les Apôtres S. Pierre
& S. Paul, tous les Saints, & vous, mes freres, de prier notre Seigneur & notre Dieu,
qu'il veuille me pardonner. ℟. Ainsi soit-il.

℣. Agneau de Dieu, qui effacez les péchés du monde,

℟. Ayez pitié de nous.

℣. Seigneur, ne nous traitez pas selon nos péchés,

℟. Et ne nous rendez pas ce que nous avons mérité par nos offenses.

SEIGNEUR, détruisez, par votre grace, les inclinations qui nous portent au mal, & cette loi de péché que nous sentons au-dedans de nous-mêmes, & qui vous résiste continuellement. Mon Dieu, soyez plus fort & plus puissant pour nous sauver, que nous ne sommes foibles pour nous perdre : il n'y a en nous que misere, que mensonge, que péché ; mais vous êtes plein de clémence & de bonté. C'est pourquoi nous vous supplions de faire éclater les richesses de votre grace, en nous délivrant de nos péchés, & des peines que nous avons méritées en les commettant. ℟. Ainsi soit-il.

Offrons à Dieu, en pénitence de nos péchés, notre travail ordinaire, & toutes les mise-res que nous souffrons en cette vie ; prions-le de nous mettre dans l'état où nous voudrions être à l'heure de notre mort.

SEIGNEUR, délivrez-nous de tout mal, de tout péché, de votre colere, d'une mort imprévue & des embuches du démon.

℟. Ainsi soit-il.

Seigneur, délivrez-nous de nos mauvaifes inclinations & de toutes fortes de vices.

℞. Ainfi foit-il.

Seigneur, délivrez-nous de la mort éternelle au jour effroyable du jugement.

℞. Ainfi foit-il.

Seigneur, exaucez-nous, lorfque nous vous prions de nous conduire à une véritable pénitence, & de nous faire perfévérer dans une bonne vie jufqu'à la mort.

℞. Ainfi foit-il.

Nous vous fupplions, Seigneur, de vifiter notre maifon, & d'en éloigner toutes les embuches de notre ennemi. Que vos faints Anges y demeurent avec nous; qu'ils y maintiennent la piété & la paix, & que nous fentions continuellement les effets de votre fainte bénédiction.

℞. Ainfi foit-il.

LITANIES DE LA SAINTE VIERGE.

SEigneur, ayez pitié de nous.
Jéfus-Chrift, ayez pitié de nous.
Seigneur, ayez pitié de nous.
Pere célefte, qui êtes Dieu, ayez pitié de nous.
Fils, Rédempteur du monde, qui êtes Dieu, ayez pitié de nous.
Efprit-Saint, qui êtes Dieu, ayez pitié de nous.

Trinité fainte, qui êtes un feul Dieu, ayez
    pitié de nous.
Sainte Marie, Priez pour nous.
Sainte Mere de Dieu,
Sainte Vierge des Vierges,
Mere du Chrift,
Mere de la grace divine,
Mere très-pure,
Mere très-chafte,
Mere parfaitement Vierge,
Mere qui êtes fans tache,
Mere qui êtes toute aimable,
Mere qui êtes toute admirable,
Mere du Créateur,
Mere du Sauveur,
Vierge très-prudente,
Vierge digne de tout honneur,
Vierge digne de toutes louanges,
Vierge puiffante,
Vierge pleine de clémence & de bonté,
Vierge fidele,
Vous qui êtes un modele de piété,
Vous qui êtes le fiege de la fageffe,
Vous qui êtes la fource de notre joie,
Vous qui êtes comme un vafe fpirituel,
    rempli de l'Efprit de Dieu,
Vous qui êtes un vafe d'honneur, dont
    le fein a été honoré par l'Incarnation
    du Fils de Dieu,
Vous qui êtes comme un vafe où le Fi-
    dele puife la vraie dévotion,

Priez pour nous.

Vous qui êtes comme une rose mysté-
rieuse , qui répand la bonne odeur
de Jésus-Chrift ,
Vous qui êtes comme la tour du vrai Da-
vid , inacceffible à tous vos ennemis ,
Vous qui êtes comme une tour d'ivoire ,
& dont la pureté eft inviolable ,
Vous qui êtes comme un Palais d'or , &
dont le cœur eft plein de charité ,
Vous qui êtes l'Arche de la nouvelle
Alliance ,
Vous qui êtes la porte du Ciel ,
Vous qui êtes comme l'étoile du matin ,
Vous qui donnez la fanté aux malades ,
Réfuge des pécheurs ,
Confolatrice des affligés ,
Secours des Chrétiens ,
Reine des Anges ,
Reine des Patriarches ,
Reine des Prophetes ,
Reine des Apôtres ,
Reine des Martyrs ,
Reine des Conteffeurs ,
Reine des Vierges ,
Reine de tous les Saints ,

Priez pour nous.

Priez pour nous.

Agneau de Dieu , qui effacez les péchés
du monde , Pardonnez-nous , Seigneur.
Agneau de Dieu , qui effacez les péchés
du monde , Exaucez-nous , Seigneur.
Agneau de Dieu , qui effacez les péchés
du monde , Ayez pitié de nous , Seigneur.

NOus avons recours à votre affiſtance, ſainte Mere de Dieu; ne mépriſez pas les prieres que nous faiſons dans nos néceſſités; mais délivrez-nous en tout temps de tous nos périls, ô Vierge glorieuſe & bienheureuſe.

℟. Ainſi ſoit-il.

Prions.

ACcordez nous, s'il vous plaît, Seigneur, une ſanté perpétuelle de corps & d'eſprit, & que par l'interceſſion de la ſainte & glorieuſe Marie, toujours Vierge, nous ſoyons délivrés des afflictions préſentes, & jouiſſions un jour des joies éternelles: Par notre Seigneur Jéſus-Chriſt votre Fils.

℟. Ainſi ſoit-il.

Prions Dieu pour tous les Fideles trépaſſés, & principalement pour ceux de cette Paroiſſe.

DE profundis clamávi ad te, Dómine; * Dómine, exaudi vocem meam.

Fiant aures tuæ intendentes * in vocem deprecatiónis meæ.

Si iniquitátes obſerváveris, Dómine; * Dómine, quis ſuſtinébit?

Quia apud te propitiátio eſt, * & propter legem tuam ſuſtínui te, Dómine.

Suſtínuit ánima mea in verbo ejus : *
ſperávit ánima mea in Dómino.

A cuſtódia matutína uſque ad noctem,*
ſperet Iſrael in Dómino ;

Quia apud Dóminum miſericórdia , * &
copióſa apud eum redémptio ;

Et ipſe rédimet Iſrael * ex ómnibus iniquitátibus ejus.

℣. Réquiem æternam dona eis , Dómine ,

℟. Et lux perpétua lúceat eis.

℣. A porta ínferi ,

℟. Erue , Dómine , ánimas eórum.

℣. Dómine , exaudi vocem meam ,

℟. Et clamor meus ad te véniat.

Orémus.

FIDÉLIUM , Deus , ómnium cónditor &
redemptor , animábus famulórum famu-
larumque tuárum remiſſiónem cunctórum
tríbue peccatórum ; ut indulgéntiam , quam
ſemper optavérunt , piis ſupplicatiónibus
conſequantur : Qui vivis & regnas , Deus ,
per ómnia ſécula ſeculórum. ℟. Amen.

℣. Requieſcant in pace.

℟. Amen.

L'Oraiſon Dominicale.

NOTRE Pere , qui êtes dans les Cieux ;
que votre nom ſoit ſanctifié ; que votre regne arrive ; que votre volonté ſoit
faite en la terre comme au Ciel : donnez-

nous aujourd'hui notre pain de chaque jour, & pardonnez - nous nos offenses , comme nous pardonnons à ceux qui nous ont offenfés. Ne nous laiffez point fuccomber à la tentation ; mais délivrez-nous du mal.

℞. Ainfi foit-il.

La Salutation Angélique.

JE vous falue, Marie, pleine de grace, le Seigneur eft avec vous : vous êtes bénie par-deffus toutes les femmes ; & Jéfus, le fruit de vos entrailles, eft béni.

Sainte Marie, Mere de Dieu, priez pour nous, pauvres pécheurs, maintenant & à l'heure de notre mort.

℞. Ainfi foit-il.

Le Symbole des Apôtres.

JE crois en Dieu le Pere tout-puiffant, Créateur du ciel & de la terre ; & en Jéfus-Chrift, fon Fils unique, notre Seigneur, qui a été conçu du Saint - Efprit ; qui eft né de la Vierge Marie ; qui a fouffert fous Ponce Pilate, qui a été crucifié, qui eft mort, & qui a été enfeveli ; qui eft defcendu aux enfers, & qui le troifieme jour eft reffufcité des morts ; qui eft monté aux Cieux ; qui eft affis à la droite du Pere tout-puiffant ; & qui delà viendra juger les vivants & les morts. Je crois au

Saint-Esprit ; la sainte Eglise Catholique ;
la communion des Saints ; la rémission des
péchés ; la résurrection de la chair & la
vie éternelle.

℟. Ainsi soit-il.

NOus vous offrons, Seigneur, le repos
que nous allons prendre en l'honneur
de celui dont vous avez voulu avoir besoin durant votre vie. Ne nous laissez point
tomber dans le sommeil de la mort ; veillez à notre conservation pendant que nous
dormons ; éloignez toute impureté de nos
esprits & de nos corps, afin que nous soyons
toujours dignes d'être votre temple & votre demeure.

℟. Ainsi soit-il.

Que le Seigneur tout-puissant & tout
miséricordieux, le Pere, le Fils & le Saint-
Esprit, nous donne une nuit tranquille &
une heureuse fin, & qu'il nous bénisse &
nous protege toujours.

℟. Ainsi soit-il.

Après la Priere, on dit l'Angelus, p. 14.

EXERCICES

Qu'on peut faire chaque jour de la Retraite dans l'intérieur de sa maison, aux heures qui ne seront point destinées à des occupations nécessaires.

LE VENDREDI

Dans l'Octave de l'Ascension.

ON doit s'occuper, pendant ce jour, de la Sagesse, qui est le premier des dons du Saint-Esprit.

On pourra s'aider de la Méditation suivante; & chaque jour, de celle qui y est indiquée. Cette Méditation peut se faire, ou après la Priere du Matin, ou avant celle du Soir, selon qu'on en aura la commodité.

MÉDITATION

SUR LE DON DE SAGESSE.

LA Sagesse est un don du Saint-Esprit, qui nous détache du monde, & nous fait gouter & aimer uniquement les choses de Dieu. Nous devons considérer, que n'ayant pas ici-bas, comme nous le dit l'Apôtre saint Paul, une Cité permanente, notre vie doit se passer toute entiere à la recherche de la Patrie qui nous est destinée; que tout attachement qui arrêteroit, ou même ralentiroit notre marche vers cette Patrie, seroit, par cela seul, indigne de fixer notre cœur. Mais si cet attachement étoit assez vif, pour nous faire perdre de vue, & les biens qui nous sont préparés, & les moyens que la Foi nous ménage pour les acquérir; si les objets de nos attachements étoient de nature à corrompre notre cœur, à le dégrader, à lui faire perdre de vue les sentiments qui conviennent à une ame créée à l'image de son Dieu, & lavée dans le sang de Jésus-Christ, nous devrions regarder ces attachements comme une véritable folie, entiérement opposée à la sagesse des enfants de Dieu. C'est donc pour nous éclairer sur ces objets, que l'esprit de sagesse daigne descendre sur nous : c'est à lui à nous instruire, & à nous faire sentir le vuide de tout ce qui captive notre cœur; à nous persuader que Dieu étant notre souverain bien, il est seul digne de notre amour; que tout ce qui détruit cet amour, est autant opposé à notre bonheur, qu'à notre devoir : l'Esprit-Saint peut seul nous ouvrir les ieux sur nos véritables intérêts;

nous régler dans le choix des objets de notre attachement ; nous éloigner de tout ce qui peut être indigne de nos recherches, & opposé à notre vocation ; modérer l'amour que nous conservons pour les objets légitimes & permis ; enfin, déterminer notre cœur à se tourner uniquement vers celui qui, nous ayant créés pour lui-même , nous veut entiérement & sans partage.

Avons-nous, jusqu'à présent, participé à ce don de Sagesse ? Pour nous en assurer, examinons :

1°. De quelle nature ont été les attachements de notre cœur ?

2°. Si nos attachements, même les plus légitimes, ont été rapportés à Dieu, comme à notre derniere fin ?

Premiérement, N'avons-nous aimé, recherché & possédé que ce qui, dans l'ordre de la divine Providence, méritoit nos recherches & notre attachement ?

Pour répondre à cette premiere question, il faut sonder notre cœur, nous dépouiller de cet intérêt personnel que nous inspire l'amour-propre, & qui fait que, rapportant tout à nous-mêmes, nous n'aimons les objets qui nous environnent, qu'à proportion qu'ils flattent nos passions, remplissent nos vues, répondent à nos desirs. Si nous imposons silence à cet amour-propre, la conscience nous reprochera, sans doute, bien des attachements que la Loi de Dieu condamne, parce qu'ils nous portent vers des objets qu'il est impossible d'aimer avec Dieu, qu'il est ordinaire d'aimer plus que Dieu, & qui, par cela seul, détruisent en nous l'amour que nous devons avoir pour lui. Saint Augustin, en parlant de la charité, nous donne une regle qui peut nous aider utilement dans cet examen des penchants de notre cœur. Aimer Dieu, nous dit ce Pere ; c'est ne rien aimer plus que Dieu ; ne rien aimer autant que Dieu ; ne rien aimer moins que Dieu, à moins qu'on ne l'aime pour lui. N'avons-nous pas aimé les créatures plus que Dieu ? Ne sommes-nous pas trop attachés à nos biens, à notre famille, à notre santé, à notre réputation, à nos aises, à nos amusements, à notre opinion, & à toutes les choses qui, dans cette vie, servent à nos nécessités, ou à nos plaisirs ? N'avons-nous rien aimé autant que Dieu ? Revenons sur ces différents objets. N'ont-ils pas souvent balancé dans notre cœur nos devoirs & nos obligations envers Dieu ? Nous sentons-nous pour lui, pour sa Loi, pour la justice, pour le Royaume des cieux, cette juste préférence, qui nous mette en état de tout sacrifier pour Dieu ; de tout supporter, plutôt que de manquer à la fidélité que nous lui devons ; de tout abandonner, pour jouir éternellement de lui ? Arrêtons-nous un moment fur cette premiere confidération.

Secondement, Nos attachements les plus légitimes fe font-ils rapportés à Dieu ?

Pour le connoître, faifons ufage de la troifieme regle que nous prefcrit faint Auguftin. Nous ne devons rien aimer moins que Dieu, fi nous ne l'aimons pas pour lui. Or, n'aimer rien que pour Dieu, ce feroit le regarder toujours comme la fin derniere de tous nos attachements ; nous tenir en état de les lui rapporter tous, biens, plaifirs, honneurs, parents, amis, dignités, avantages du corps ou de l'efprit : tout vient de lui ; tout doit nous conduire à lui. Ainfi je dois me dire à moi-même : Je n'ai dû pofféder les richeffes, que comme un bien qu'il m'a confié, & dont je dois lui rendre un compte exact & rigoureux ; je n'ai dû ufer des plaifirs, qu'avec cette crainte de l'offenfer, cette défiance de ma foibleffe, cette précaution & cette réferve que doivent m'infpirer l'efprit de vigilance, de pénitence & de mortification. Si j'ai été loué, honoré, élevé à quelque rang, ou par la naiffance, ou par ma place, c'eft lui, ce font fes dons qu'on a dû louer en moi ; c'eft fa dignité & fa grandeur que j'ai dû repréfenter. L'ai-je fait avec humilité, fans rien attribuer à moi-même

même de ce qui devoit remonter jufqu'à lui ? Ai-je aimé mes parents & mes amis pour Dieu ? N'eft - ce pas un amour humain & charnel qui m'a fait prendre tant d'intérêt à leur fuccès, à leur avancement, à leur fortune ? N'ai-je pas aimé en eux les défauts que j'aurois dû y combattre ? N'ai - je pas préféré en eux les qualités agréables, aux qualités folides ? Comment me fuis - je aimé moi - même ? N'ai - je pas été plus fenfible aux agréments extérieurs qui pouvoient m'attirer l'attachement, aux talents qui pouvoient me mériter l'eftime & les éloges, qu'à la juftice & à la fainteté qui pouvoient me concilier les complaifances & les regards de Dieu ? N'ai - je pas pris plus de foin de ma fanté & de mes avantages extérieurs, que de l'avancement de mon ame dans la vertu ?

Cet examen fait dans la fincérité, que dois-je faire pour obtenir ce don précieux de la Sageffe, qui, en réformant mes attachements, me fixe dans la recherche & dans l'amour de Dieu, qui eft mon fouverain bien ? Je dois m'humilier en fa préfence de mon amour pour le monde, & tout ce qui tient au monde & à fes maximes ; de mon ardeur pour fes biens, fes honneurs, fes diftinctions & fes plaifirs ; de ma condefcendance pour fes modes & fes ufages ; de ma conformité à fon langage

C

& à ſes manieres, &, par conſéquent, de
l'oubli que j'ai fait ſi ſouvent d'un des premiers engagements de mon Baptême. Je
dois encore me confondre ſous les ieux de
Dieu, de mon peu de gout pour tout ce
qui pouvoit me rapprocher de lui ; de mon
peu d'aſſiduité à la priere ; de mes langueurs, de mes dégouts dans ſon ſervice ;
de mon éloignement à lire, entendre, ou
méditer ſa divine parole ; de ma négligence à pratiquer les devoirs de ma Religion ; enfin, confeſſer humblement que,
comme un inſenſé, j'ai préféré la fauſſe
prudence des enfants du ſiecle, à la ſageſſe des enfants de Dieu.

O divine ſageſſe ! ſource de tous les vrais
biens, principe de tout don parfait, deſcendez du trône de la miſéricorde de Dieu ;
venez renouveller la face de la terre ; chan-
gez nos cœurs, en réformant leurs gouts,
leurs inclinations & leurs penchants ; ou-
vrez-nous ces immenſes tréſors de vérités
& de lumieres, où il ſuffit de puiſer avec
humilité, pour être rendu participant de
la juſtice & de la charité ; donnez-nous ce
diſcernement qui nous faſſe mépriſer toutes les vanités du ſiecle, rejetter toutes ſes
folies, & préférer vos lumieres & vos dons
à l'acquiſition de l'or le plus pur. Heureux
celui qui vous cherche avec ſimplicité ! Plus
heureux celui qui vous trouve ! & qui, par

vous, reçoit les leçons de la véritable prudence. C'eſt vous qui l'élevez juſqu'à la
connoiſſance de Dieu même ; c'eſt vous qui
formez ſon cœur à la pratique de toutes
les vertus ; c'eſt vous qui, dans l'exercice
de la priere, produiſez dans ſon ame ces
gémiſſements ineffables que Dieu ne re-
jette jamais : par vous on devient pur,
chaſte, pacifique, miſéricordieux, & capable de porter tous les fruits de ſalut &
de vie. Je renonce en ce moment, & pour
toujours, à cette fauſſe ſageſſe, qui met
ſa gloire dans l'ignominie, ſa paix dans la
ſervitude des paſſions, & ſon bonheur dans
de vains plaiſirs. Que mon eſpérance ſoit
déſormais en vous ſeul ! que je n'aime que
vous ! que je ne cherche que vous ! que je
ne goute que ce qui vient de vous ! que
je ne ſuive que ce qui conduit à vous ! que
je ne me fixe qu'à ce qui peut m'attacher
à vous, & pour le temps, & pour l'éternité !
Ainſi ſoit-il.

PRIERE ET LECTURE.

LE VENDREDI MATIN.

Veni , Creator , &c. , page 15.

Premier Chapitre du Sermon de Jéfus-Chrift
fur la Montagne.

Saint Matthieu , Chap. V.

JÉsus voyant tout le peuple (qui s'em-
preſſoit à le fuivre,) monta fur une montagne, où s'étant aſſis, fes Difciples s'ap-
procherent de lui.

Et ouvrant fa bouche, il les enfeignoit,
en difant :

Bienheureux les pauvres d'efprit, parce
que le Royaume des cieux eſt à eux.

Bienheureux ceux qui font doux, parce
qu'ils poſſéderont la terre.

Bienheureux ceux qui pleurent, parce
qu'ils feront confolés.

Bienheureux ceux qui font affamés &
altérés de la juſtice, parce qu'ils feront
raſſafiés.

Bienheureux ceux qui font miféricor-
dieux, parce qu'ils obtiendront eux-mêmes
miféricorde.

Bienheureux ceux qui ont le cœur pur,
parce qu'ils verront Dieu.

Bienheureux les pacifiques, parce qu'ils feront appellés les enfants de Dieu.

Bienheureux ceux qui fouffrent perfécution pour la juftice, parce que le Royaume des cieux eft à eux.

Vous ferez heureux, lorfque les hommes vous chargeront de malédictions, & qu'ils vous perfécuteront, & qu'ils diront fauffement toute forte de mal contre vous à caufe de moi.

Réjouiffez - vous *alors*, & treffaillez de joie, parce qu'une grande récompenfe vous eft réfervée dans les cieux : car c'eft ainfi qu'ils ont perfécuté les Prophetes qui ont été avant vous.

Vous êtes le fel de la terre : que fi le fel perd fa force, avec quoi le falera-t-on ? Il n'eft plus bon à rien qu'à être jetté dehors, & à être foulé aux pieds par les hommes.

Vous êtes la lumiere du monde. Une Ville fituée fur une montagne, ne peut être cachée ;

Et on n'allume point une lampe pour la mettre fous le boiffeau ; mais on la met fur un chandelier, afin qu'elle éclaire tous ceux qui font dans la maifon.

Ainfi que votre lumiere luife devant les hommes, afin qu'ils voient vos bonnes œuvres, & qu'ils glorifient votre Pere qui eft dans les cieux.

Ne penſez pas que je ſois venu détruire la Loi ou les Prophetes; je ne ſuis pas venu les détruire, mais les accomplir.

Car je vous dis, en vérité, que le ciel & la terre ne paſſeront point, que tout ce qui eſt dans la Loi ne ſoit accompli parfaitement, juſqu'à un ſeul iota & à un ſeul point.

Celui donc qui violera l'un de ces moindres commandements, & qui apprendra aux hommes à les violer, ſera regardé dans le Royaume des cieux, comme le dernier; mais celui qui fera & enſeignera, ſera grand dans le Royaume des cieux.

Car je vous dis, que ſi votre juſtice n'eſt plus abondante que celle des Scribes & des Phariſiens, vous n'entrerez point dans le Royaume des cieux.

Vous avez appris qu'il a été dit aux anciens: Vous ne tuerez point; & quiconque tuera, méritera d'être condamné par le jugement.

Mais moi je vous dis, que quiconque ſe mettra en colere contre ſon frere, méritera d'être condamné par le jugement; que celui qui dira à ſon frere, Raca, méritera d'être condamné par le conſeil; & que celui qui lui dira, Vous êtes un fou, méritera d'être condamné au feu de l'enfer.

Si donc lorſque vous préſentez votre offrande à l'Autel, vous vous ſouvenez que votre frere a quelque chose contre vous,

laiffez là votre don devant l'Autel, & allez vous réconcilier auparavant avec votre frere, & puis vous reviendrez offrir votre don.

Accordez-vous au plutôt avec votre adverfaire, pendant que vous êtes en chemin avec lui, de peur que votre adverfaire ne vous livre au Juge, & que le Juge ne vous livre au Miniftre *de la juftice*, & que vous ne foyez mis en prifon.

Je vous dis, en vérité, que vous ne fortirez point de là, que vous n'ayez payé jufqu'à la derniere obole.

Vous avez appris qu'il a été dit aux anciens : Vous ne commettrez point d'adultere.

Mais moi je vous dis, que quiconque aura regardé une femme avec un *mauvais* defir pour elle, a déja commis l'adultere dans fon cœur.

Que fi votre œil droit vous fcandalife, arrachez-le & jettez-le loin de vous; car il vaut mieux pour vous qu'un des membres de votre corps périffe, que tout votre corps foit jetté dans l'enfer.

Et fi votre main droite vous fcandalife, coupez-la & jettez-la loin de vous; car il vaut mieux pour vous qu'un des membres de votre corps périffe, que tout votre corps foit jetté dans l'enfer.

Il a été dit encore : Quiconque veut quitter sa femme, qu'il lui donne un écrit par lequel il déclare qu'il la répudie.

Et moi je vous dis, que quiconque aura quitté sa femme, si ce n'est en cas d'adultere, la fait devenir adultere; & que quiconque épouse celle que son mari aura quittée, commet un adultere.

Vous avez encore appris, qu'il a été dit aux anciens : Vous ne vous parjurerez point; mais vous vous acquitterez envers le Seigneur des sermens que vous aurez faits.

Et moi je vous dis, que vous ne juriez en aucune sorte, ni par le ciel, parce que c'est le trône de Dieu;

Ni par la terre, parce qu'elle sert *comme* d'escabeau à ses pieds; ni par Jérusalem, parce que c'est la ville du grand Roi.

Vous ne jurerez pas aussi par votre tête, parce que vous n'en pouvez rendre un seul cheveu blanc ou noir.

Mais contentez-vous de dire : Cela est, cela est; ou cela n'est pas, cela n'est pas : car ce qui est de plus vient du mal.

Vous avez appris qu'il a été dit : Œil pour œil, & dent pour dent.

Et moi je vous dis de ne point résister au mal *que l'on veut vous faire;* mais si quelqu'un vous a frappé sur la joue droite, présentez-lui encore l'autre.

Si quelqu'un veut plaider contre vous

pour vous prendre votre robe, quittez-lui encore votre manteau.

Et si quelqu'un veut vous contraindre de faire mille pas avec lui, faites-en encore deux mille.

Donnez à celui qui vous demande, & ne rejettez point celui qui veut emprunter de vous.

Vous avez appris qu'il a été dit : Vous aimerez votre prochain, & vous haïrez votre ennemi.

Et moi je vous dis : Aimez vos ennemis ; faites du bien à ceux qui vous haïssent, & priez pour ceux qui vous persécutent & qui vous calomnient ;

afin que vous soyez les enfants de votre Pere qui est dans les cieux, qui fait lever son soleil sur les bons & sur les méchants, & fait pleuvoir sur les justes & sur les injustes.

Car si vous n'aimez que ceux qui vous aiment, quelle récompense *en* aurez-vous ? Les Publicains ne le font-ils pas aussi ?

Et si vous ne saluez que vos freres, que faites-vous en cela de plus *que les autres ?* Les Païens ne le font-ils pas aussi ?

Soyez donc vous autres parfaits comme votre Pere céleste est parfait.

LE VENDREDI AU SOIR.

Miserere, &c., page 20.

Chapitre Ier. du premier Livre de l'Imitation de Jésus-Christ.

De l'Imitation de Jésus - Christ, & du mépris de toutes les vanités du monde.

CELUI *qui me suit, ne marche point dans les ténebres :* c'est le Seigneur lui-même qui nous avertit par ces paroles, d'imiter sa vie & ses actions, si nous voulons être véritablement éclairés & délivrés de tout aveuglement de cœur.

Que notre principale occupation soit donc de méditer & d'étudier la vie de J. C.

Sa doctrine est infiniment plus excellente que celle de tous les Saints ; & qui auroit l'esprit de Dieu, y trouveroit *la manne cachée.*

Mais il arrive que plusieurs entendent souvent le saint Evangile sans en être touchés, parce qu'ils n'ont pas l'esprit de J. C.

Ainsi celui qui veut entendre parfaitement ses divines paroles, & en gouter toute la douceur, doit travailler à rendre sa vie conforme à celle de ce divin Sauveur.

A quoi vous serviroit de parler savamment des profonds Mysteres de la Trinité,

ſi le défaut d'humilité vous rendoit défa-
gréable à ſes ieux?

Ce ne ſont pas les diſcours relevés qui
rendent juſtes & ſaints : on ne devient ami
de Dieu, que par une vie pleine de vertus
& de bonnes œuvres.

J'aime mieux ſentir la componction dans
mon cœur, que d'en ſavoir la définition.

De quelle utilité ſeroit pour vous de ſavoir le texte des Livres ſacrés & toutes
les maximes des Philoſophes, ſi vous étiez
ſans charité & ſans grace?

*Vanité des vanités, & tout n'eſt que va-
nité :* il n'y a rien de ſolide, que d'aimer
Dieu, & de ne ſervir que lui.

La ſouveraine ſageſſe conſiſte à s'élever
au ciel par le mépris des biens de la terre.

C'eſt donc une vanité de rechercher des
richeſſes périſſables, & d'y mettre ſa confiance.

C'eſt encore une vanité d'ambitionner
les honneurs, & de faire tous ſes efforts
pour s'élever.

C'eſt une vanité de ſuivre les deſirs de
la chair, & de ſouhaiter ce qui doit être
un jour ſi rigoureuſement puni.

C'eſt une vanité de deſirer de vivre long-
temps, ſans ſe mettre en peine de bien vivre.

C'eſt une vanité de ne s'occuper que du
préſent, & de ne point penſer à l'avenir.

C'eſt une vanité d'aimer ce qui paſſe avec

une extrême vîtesse, & de ne pas courir vers le lieu où une joie éternelle nous attend.

Souvenez-vous souvent de cet oracle du Sage, qui a passé en proverbe : que l'œil ne se rassasie point de voir, ni l'oreille d'entendre.

Travaillez donc à vous détacher de l'amour des choses visibles, pour vous tourner vers les invisibles : car ceux qui suivent l'attrait de leurs sens, souillent leur conscience, & perdent la grace de Dieu.

LE SAMEDI

Dans l'Octave de l'Ascension.

On s'occupera, pendant ce jour, du don d'Intelligence, qui est le second des dons du Saint-Esprit.

MÉDITATION

SUR LE DON D'INTELLIGENCE.

L'Intelligence est un don qui nous fait comprendre & pénétrer les vérités & les mysteres de la Religion.

La parole de Dieu, si sainte, si puissante, si efficace par sa nature, n'a-t-elle pas été souvent pour nous un vase scellé ? La disposition avec laquelle nous l'avons entendue, n'a-t-elle pas rendu la bouche des Miniſtres qui nous l'ont annoncée, un airain ſonnant, une cymbale retentiſſante ? Il ne ſuffit pas d'écouter avec quelque attention les vérités, ou de les lire avec aſſiduité dans l'intérieur de ſa maiſon ; il faut que l'eſprit d'intelligence ouvre les oreilles du cœur ; ſans quoi, ſemblables à ces dieux des Nations, on a des ieux, & on ne voit point ; des oreilles, & on n'entend point. C'eſt à l'Eſprit-Saint qui enſeigne toute vérité, à nous ouvrir le ſanctuaire où réſide la Vérité ſuprême ; c'eſt à lui à nous y conduire par la main. Quiconque ſeroit aſſez téméraire pour porter ſur ces vérités un œil curieux & ſacrilége, ſeroit bientôt opprimé par l'éclat majeſtueux de la lumiere qui ſort de ce Sanctuaire redoutable. Mais ſi l'eſprit d'intelligence daigne nous y introduire, alors cette adorable Vérité ſe rendra acceſſible à nos foibles eſprits : elle nous pénétrera, & de ſes myſteres, & de ſes leçons. De ſes myſteres, elle nous apprendra à les croire avec une foi humble & docile, ſans les ſonder & les approfondir : de ſes leçons, elle nous accoutumera à les méditer, à les appliquer à la conduite de notre vie & à la réforme de notre cœur. L'intelligence que l'Eſprit-Saint nous deſtine en cette vie, bien différente de celle qu'il nous réſerve pour l'éternité, laiſſe ſubſiſter ſur nos dogmes ce voile mystérieux, ces ombres nécessaires pour exercer notre foi ; mais elle dévoile aux ames simples & dociles les vues miséricordieuses de Dieu sur ses élus. Elle nous cache les ressorts que Dieu tient sous la main de sa puissance, & qui dirigent les opérations de sa grace ; mais elle nous découvre les effets que cette grace produit tous les jours pour notre sanctification, & nous apprend à la demander, cette grace, à l'attendre avec confiance, à répondre avec fidélité aux avances qu'elle daigne faire en notre faveur. Pourquoi donc tant de Chrétiens sont-ils privés de ce don d'intelligence ? Pourquoi n'a-t-il pas produit en nous, jusqu'à ce jour, des effets plus sensibles ? Deux raisons vont nous mettre en état de connoître la source de ce malheur.

1°. Nous négligeons de nous instruire de ces vérités.

2°. Quand nous les entendons, c'est presque toujours sans gout, sans application & sans la volonté d'y conformer nos mœurs.

Premiérement, C'est la négligence à nous instruire des vérités du salut, qui nous rend si stupides & si bornés dans l'intelligence de ces vérités. Avant d'examiner le temps que nous donnons chaque jour à l'étude de ces vérités, demandons-nous à nous-mêmes si dans la jeunesse nous avons trouvé l'occasion de nous en instruire ; si lorsqu'elle s'est pré-

sentée, nous en avons profité : ou si, privés
de cette ressource dans l'enfance, par la négligence de ceux qui étoient chargés de notre éducation, nous avons au moins, lorsque notre raison a été formée, cherché les
moyens de réparer, par notre application,
le vuide que cette ignorance nous a fait
éprouver. Que de fautes cette considération
ne nous feroit-elle pas découvrir, sur les-
quelles nous n'avons peut-être jamais pensé
à nous humilier & à gémir ? Mais si nous
ajoutons à l'ignorance de la jeunesse, la négligence dans un âge plus mûr ; si nous pas-
sons des jours, des semaines, & peut-être
presque toute notre vie dans l'oubli des vérités du salut ; si nous n'ouvrons presque
jamais les Livres qui les renferment ; si nous
paroissons rarement aux Instructions qui nous
les expliquent ; si nous communiquons cette
même indifférence à ceux qui ont droit d'attendre de nous l'exemple & l'éducation ;
si la terre de notre cœur, pour me servir
de la Parabole de l'Evangile, est toujours
ouverte aux desirs charnels, qui, comme des
passants, foulent cette précieuse semence ;
si cette terre est toujours hérissée par les
épines des sollicitudes & des embarras de
la vie ; si elle est toujours desséchée par les
amusements & par les plaisirs, quelle place
reste-t-il où ces vérités puissent prendre racine, & y porter des fruits de justice &
de vie ?

Secondement, Quand nous lisons & entendons les vérités, ou l'expofition des myfteres de notre Religion fainte, leur donnons-nous une religieufe attention ? éprouvons-nous ce gout qui les fait aimer ? & nous étudions-nous à rendre ces vérités vivantes & fenfibles, par notre fidélité à les mettre en pratique ? Nous trouverons dans notre cœur la réponfe à ces différentes queftions, lorfque nous étudierons attentivement quels font les gouts qui nous décident, les inclinations qui nous déterminent & les paffions qui nous captivent : car fi nous nous plaifons dans des fociétés toutes profanes ; fi le langage du monde s'accorde avec nos penfées, nos volontés & nos defirs ; fi fes maximes & fes ufages font la regle que nous nous propofons & que nous fuivons habituellement ; fi nous avons au contraire beaucoup de peine à fixer notre efprit, à le rappeller au recueillement & à l'application que demandent ces vérités ; fi nous n'éprouvons que de l'ennui au milieu de ceux dont la vie eft réglée, édifiante & chrétienne ; fi leur gravité nous déplaît ; fi leur converfation nous rebute ; fi leurs avis nous révoltent ; fi forcés, par bienféance, ou conduits par l'habitude aux Inftructions publiques, nous y traînons cet efprit d'ennui & de dégout, il eft impoffible que les paroles de vie germent dans un cœur infecté par une odeur de mort ; que la lumiere de la vérité perce au travers des nuages qui nous environnent ; & que des mysteres qui ne nous offrent qu'un Dieu humilié & pénitent, s'accordent avec un cœur livré à la molleffe, à l'orgueil & au plaisir.

Reconnoiffons donc avec douleur, que nous ne fommes fi lents à croire & fi peu fideles à pratiquer, que parce que nous avons jufqu'à préfent fermé nos cœurs à l'intelligence, qui vouloit nous éclairer ; que, quoique fa lumiere ait fouvent luî à nos ieux en tant de manieres, dans les Livres, dans les Inftructions, dans les exemples des juftes, dans les chutes & les châtiments des pécheurs, dans les avertiffements & les infpirations de la grace, nous avons toujours oppofé à tant de lumieres & de leçons, un efprit diftrait par les follicitudes temporelles & un cœur préoccupé par les paffions. Travaillons à réparer nos pertes, & formons la réfolution de chercher la vérité avec fimplicité ; de ne laiffer écouler aucun jour fans donner aux vérités faintes une application proportionnée à nos occupations & à nos befoins ; de venir affidument les entendre de la bouche des Miniftres, qui en font les dépofitaires & les organes ; de porter à cette étude l'humilité & la docilité qui peuvent en affurer le fruit, & fur-tout de folliciter affidument les lumieres de cet esprit qui ouvre l'intelligence, & qui, en éclairant l'esprit, instruit & forme le cœur. Commençons à lui demander ce don si désirable, sans lequel nous ne dissiperons jamais les ténebres du péché.

O divine Intelligence ! source adorable de lumiere, principe de toute vérité, nous ne vous adresserons aujourd'hui qu'une seule demande ; c'est celle que vous inspirates autrefois à l'aveugle de Jéricho, en éclairant son esprit, avant que Jésus-Christ eût ouvert les ieux de son corps : Seigneur, faites que je voie ; *Domine, ut videam.* Que vos vérités ne soient plus pour moi des énigmes ; & les augustes Mysteres de la Religion, des objets d'indifférence & d'oubli. Vous promettez à l'ame docile de lui faire comprendre & pénétrer ces augustes fondements de notre Foi ; & cependant votre sagesse, pour exercer cette Foi, veut que ces vérités sublimes soient ici-bas couvertes d'un voile impénétrable. Je respecterai ces nuages ; j'adorerai en silence un Dieu retiré dans le secret de son Sanctuaire ; & je me croirai assez instruit, ô mon Dieu ! si j'apprends à croire sans raisonner ; si je sens tout ce que vous avez fait pour moi, & tout ce que vous me destinez dans l'ordre du salut ; si je prouve ma Foi par mes œuvres, ma reconnoissance par ma fidélité ; si je puise dans le détail de ces différents Myſteres des regles de conduite ; ſi je ſoutiens le titre d'adorateur de la Trinité ſainte, en devenant juſte moi-même à l'exemple du Pere qui m'a créé, compatiſſant & charitable comme le Fils qui m'a racheté, ſaint de votre ſainteté, ô divin Eſprit ! qui ne deſcendez ſur nous que pour nous ſanctifier ; ſi je repréſente, par une vie pure, pénitente & crucifiée, tous les Myſteres d'un Dieu qui eſt devenu mon Maître, mon Rédempteur & mon modele. Que vos divines lumieres ne s'éteignent jamais dans mon cœur, afin que je ne m'endorme pas du ſommeil de la mort ; qu'elle guide mes pas, cette lumiere, au milieu des ombres de la vie préſente, & qu'elle ſoit pour moi le gage de la lumiere éternelle qui doit éclairer vos Elus dans les ſiecles des ſiecles.

Ainſi ſoit-il.

PRIERE ET LECTURE.

LE SAMEDI MATIN.

BEáti immaculáti in via, * qui ambulant in lege Dómini.

HEureux ceux dont la conduite eſt pure, & qui reglent leurs démarches ſur la Loi du Seigneur.

Beáti qui ſcru

Heureux ceux qui s'ef

forcent de connoître ses ordonnances, & qui le cherchent de tout leur cœur.

Car ceux qui commettent l'iniquité, ne marchent point dans ses voies.

Vous avez ordonné, Seigneur, que votre Loi soit gardée très-exactement.

Daignez conduire mes pas de telle sorte, qu'ils tendent tous à l'observation de vos Commandemens.

Je ne tomberai pas dans la confusion, tant que j'aurai tous vos préceptes devant les ieux

Je vous louerai dans la sincérité de mon cœur, parce que j'ai été instruit de vos jugemens pleins de justice.

Je garderai vos ordonnances : ne m'abandonnez pas pour toujours.

Comment l'homme,

tantur testimónia ejus, * in toto corde exquírunt eum.

Non enim qui operantur iniquitátem, * in viis ejus ambulavérunt.

Tu mandásti * mandáta tua custodíri nimis.

Utinam dirigantur viæ meæ, * ad custodiendas justificatiónes tuas !

Tunc non confundar,* cùm perspéxero in ómnibus mandátis tuis.

Confitébor tibi in directióne cordis, * in eo quod dídici judícia justítiæ tuæ.

Justificatiónes tuas custódiam : * non me derelinquas usquequáque.

In quo córrigit

adolefcéntior viam fuam ? * in cuſtodiendo fermónes tuos.

In toto corde meo exquiſívi te : * ne repellas me à mandátis tuis.

In corde meo abſcondi elóquia tua , * ut non peccem tibi.

Benedictus es , Dómine : * doce me juſtificatiónes tuas.

In lábiis meis , * pronuntiávi ómnia judícia oris tui.

In via teſtimoniórum tuórum delectátus fum , * ſicut in ómnibus divítiis.

In mandátis tuis exercébor , * & conſiderábo vias tuas.

dans ſa jeuneſſe , peut-il rendre ſa vie pure & innocente ? c'eſt en obſervant votre Loi.

Je vous ai cherché de tout mon cœur : ne permettez pas que je m'égare de la voie de vos ordonnances.

Je tiens vos paroles cachées dans mon cœur, afin que je ne vous offenſe point.

Vous êtes digne de toute louange , Seigneur : enſeignez - moi votre Loi.

J'annoncerai par-tout les ordonnances que votre bouche a publiées.

Je fais mes délices de l'accompliſſement de votre Loi , comme d'autres mettent leur bonheur dans la poſſeſſion des richeſſes.

Je m'occuperai de vos préceptes , & je tiendrai mes ieux arrêtés ſur les voies qui menent à vous.

Je méditerai sur vos ordonnances, & je n'oublierai pas vos paroles.	In justificatiónibus tuis meditábor : * non obliviscar sermónes tuos.

Second Chapitre du Sermon de Jésus-Christ sur la Montagne.

Saint Matthieu, Chap. VI.

PRENEZ garde de ne pas faire vos bonnes œuvres devant les hommes, pour en être regardés ; autrement vous n'en recevrez point la récompense de votre Pere qui est dans les cieux.

Lors donc que vous donnerez l'aumône, ne faites point sonner la trompette devant vous, comme font les hypocrites dans les Synagogues & dans les rues, pour être honorés des hommes. Je vous dis, en vérité, qu'ils ont reçu leur récompense.

Mais lorsque vous ferez l'aumône, que votre main gauche ne sache point ce que fait votre main droite ;

afin que votre aumône soit dans le secret : & votre Pere, qui voit *ce qui se passe* dans le secret, vous en rendra la récompense.

De même lorsque vous priez, ne ressemblez pas aux hypocrites, qui affectent de prier, en se tenant debout dans les Synagogues & aux coins des rues, pour être vus des hommes. Je vous dis, en vérité, qu'ils ont reçu leur récompense.

Mais vous lorsque vous voudrez prier, entrez dans votre chambre; & la porte en étant fermée, priez votre Pere dans le secret : & votre Pere, qui voit *ce qui se passe* dans le secret, vous en rendra la récompense.

N'affectez pas de parler beaucoup dans vos prieres, comme les Païens, qui s'imaginent que c'est par la multitude des paroles, qu'ils méritent d'être exaucés.

Ne vous rendez donc pas semblables à eux, parce que votre Pere sait de quoi vous avez besoin, avant que vous le lui demandiez.

Vous prierez donc de cette maniere : Notre Pere, qui êtes dans les cieux, que votre nom soit sanctifié;

Que votre regne arrive; que votre volonté soit faite sur la terre comme au ciel.

Donnez-nous aujourd'hui notre pain de chaque jour;

Et remettez-nous nos dettes, comme nous les remettons *à ceux* qui nous doivent.

Et ne nous abandonnez point à la tentation; mais délivrez-nous du mal. Ainsi soit-il.

Car si vous pardonnez aux hommes les fautes qu'ils font *contre vous,* votre Pere céleste vous pardonnera aussi vos péchés.

Mais si vous ne pardonnez point aux hommes *lorsqu'ils vous ont offensé,* votre

Pere ne vous pardonnera pas non plus vos péchés.

Lorfque vous jeûnez, ne foyez point trif-tes comme les hypocrites ; car ils affectent de paroître avec un vifage défiguré, afin que les hommes connoiffent qu'ils jeûnent. Je vous dis, en vérité, qu'ils ont reçu leur récompenfe.

Mais vous, lorfque vous jeûnez, parfu-mez votre tête, & lavez votre vifage ;

afin de ne pas faire paroître aux hom-mes que vous jeûnez, mais à votre Pere qui eft préfent à ce qu'il y a de plus fecret ; & votre Pere qui voit *ce qui fe paffe* dans le fecret, vous en rendra la récompenfe.

Ne vous faites point de tréfors dans la terre, où la rouille & les vers les mangent, & où les voleurs les déterrent & les dérobent.

Mais faites-vous des tréfors dans le ciel, où, ni la rouille, ni les vers ne les mangent point, & où il n'y a point de voleurs qui les déterrent & qui les dérobent.

Car où eft votre tréfor, là eft auffi votre cœur.

Votre œil eft la lampe de votre corps. Si votre œil eft fimple, tout votre corps fera lumineux.

Mais fi votre œil eft mauvais, tout votre corps fera ténébreux. Si donc la lumiere qui eft en vous *n'eft que* ténebres, combien fe-ront grandes les ténebres mêmes ?

Nul

Nul ne peut servir deux maîtres; car, ou il haïra l'un, & aimera l'autre ; ou il se soumettra à l'un, & méprisera l'autre. Vous ne pouvez servir Dieu & les richesses.

C'est pourquoi je vous dis : Ne vous inquiétez point où vous trouverez de quoi manger pour *le soutien de* votre vie , ni d'où vous aurez des vêtements pour couvrir votre corps. La vie n'est-elle pas plus que la nourriture , & le corps plus que le vêtement ?

Considérez les oiseaux du ciel : ils ne sement point, ils ne moissonnent, & ils n'amassent rien dans des greniers ; mais votre Pere céleste les nourrit. N'êtes-vous pas beaucoup plus qu'eux?

Et qui est celui d'entre vous qui puisse avec tous ses soins, ajouter à sa taille la hauteur d'une coudée ?

Pourquoi aussi vous inquiétez-vous pour le vêtement ? Considérez comment croissent les lis des champs ; ils ne travaillent point, & ils ne filent point :

& cependant je vous déclare que Salomon même dans toute sa gloire, n'a jamais été vêtu comme l'un d'eux.

Si donc Dieu a soin de vêtir de cette sorte une herbe des champs, qui est aujourd'hui, & qui demain sera jettée dans le four, combien aura-t-il plus de soin de vous vêtir, ô hommes de peu de foi?

D

Ne vous inquiétez donc point, en difant : Que mangerons-nous, ou que boirons-nous, ou de quoi nous vêtirons-nous ? comme font les Païens, qui recherchent toutes ces chofes : car votre Pere fait que vous en avez befoin.

Cherchez donc premiérement le Royaume de Dieu & fa juftice ; & toutes ces chofes vous feront données par-deffus.

C'eft pourquoi ne foyez point en inquiétude pour le lendemain : car le lendemain aura foin de lui-même : à chaque jour fuffit fon mal.

LE SAMEDI AU SOIR.

RÉpandez vos graces fur votre ferviteur : faites que je vive & que je garde vos commandements.

Etríbue fervo tuo : vivífica me ; * & cuftódiam fermónes tuos.

Otez le voile qui couvre mes ieux, afin que je contemple les merveilles de votre loi.

Revéla óculos meos, * & confiderábo mirabília de lege tua.

Je fuis fur la terre comme un voyageur & un étranger : ne me cachez pas la connoiffance de votre loi.

Incola ego fum in terra : * non abfcondas à me mandáta tua.

Mon ame eft toute lan-

Concupívit áni-

ma mea desiderá-
re justificatiónes
tuas * in omni tem-
pore.

Increpasti super-
bos : * maledícti
qui declínant à
mandátis tuis.

Aufer à me op-
próbrium & con-
temptum ; * quia
testimónia tua ex-
quisívi.

Etenim sedérunt
príncipes, & adver-
sùm me loqueban-
tur : * servus au-
tem tuus exerce-
bátur in justifica-
tiónibus tuis.

Nam & testimó-
nia tua meditátio
mea est, * & con-
sílium meum jus-
tificatiónes tuæ.

Adhæsit pavimen-
to ánima mea : *
vivífica me se-
cundùm verbum
tuum.

*guissante du desir dont
elle brûle sans cesse pour
vos ordonnances.*

*Vous châtiez les su-
perbes : ceux qui se dé-
tournent de vos com-
mandements, sont l'ob-
jet de vos malédictions.*

*Eloignez de moi l'op-
probre & le mépris,
puisque je cherche à
m'instruire de votre loi.*

*Je suis l'objet de la
raillerie des Princes &
des Grands : mais votre
serviteur ne s'occupe que
de vos préceptes.*

*Car vos ordonnances
sont le sujet de mes mé-
ditations, & vos pré-
ceptes sont mon conseil.*

*Mon ame est comme
attachée à la terre : re-
donnez-moi la vie, se-
lon votre promesse.*

Je vous ai consulté sur mes entreprises, & vous m'avez fait entendre votre volonté : ne refusez pas de m'instruire de vos ordonnances.

Vias meas enuntiávi, & exaudísti me : * doce me justificatiónes tuas.

Apprenez-moi à vivre selon vos préceptes, & je méditerai sur les merveilles de votre loi.

Viam justificatiónum tuárum ínstrue me ; * & exercébor in mirabílibus tuis.

Mon ame est tombée dans la langueur & l'ennui : fortifiez-moi selon votre promesse.

Dormitávit ánima mea præ tædio : * confirma me in verbis tuis.

Détournez - moi du chemin de l'iniquité ; & donnez - moi, par un effet de votre miséricorde, la connoissance de votre loi.

Viam iniquitátis ámove à me, * & de lege tua miserére meî.

J'ai choisi la vérité, & je n'ai point oublié vos jugements.

Viam veritátis elégi : * judícia tua non sum oblítus.

Je me tiens attaché à vos commandements, Seigneur ; ne me laissez pas tomber dans la confusion.

Adhæsi testimóniis tuis, Dómine ; * noli me confúndere.

Lorsque vous aurez dilaté mon cœur, je cour-

Viam mandatórum tuórum cucur-

ri, * cùm dilatasti cor meum.	*rai avec joie dans la voie de vos préceptes.*
Glória Patri , &c.	*Gloire au Pere , &c.*

Chapitre second du Ier. Livre de l'Imitation de Jésus-Christ.

De l'humble sentiment qu'on doit avoir de soi-même.

TOus les hommes desirent naturellement d'être savants ; mais de quoi sert la science sans la crainte de Dieu ?

Un paysan humble & simple, qui sert Dieu fidélement, vaut beaucoup mieux que le philosophe superbe, qui se néglige lui-même pour considérer le cours des astres.

Celui qui se connoît parfaitement, est bien petit à ses ieux; & il ne prend point de plaisir aux louanges que les hommes lui donnent.

Quand j'aurois toute la science du monde, si je n'avois point la charité, de quel secours me seroit ma science auprès de Dieu, qui doit me juger sur mes œuvres ?

Modérez la trop grande ardeur que vous avez d'être savant, parce que c'est un grand sujet de dissipation & d'illusion.

Les savants sont bien aises d'être connus, & d'être préconisés comme des sages.

Il y a bien des choses qu'il est absolument inutile, & qu'il importe peu de savoir pour le bien de l'ame : & c'est une grande folie de s'appliquer à autre chose, qu'à ce qui peut contribuer au salut.

Les grands discours ne rassasient pas l'ame ; mais une vie réglée la console ; & une conscience pure lui donne une grande confiance en Dieu.

Plus vous aurez de science, plus vous serez jugé rigoureusement, si votre vie n'a pas été plus sainte.

Ne vous élevez pas des arts & des sciences que vous possédez : que votre crainte redouble plutôt, à proportion des lumieres & des connoissances que le Seigneur vous donne.

S'il vous semble que vous savez beaucoup de choses, & que vous les savez bien ; soyez persuadé qu'il y en a beaucoup plus que vous ignorez.

N'ayez point de présomption : avouez plutôt votre ignorance. Pourquoi voulez-vous vous préférer aux autres, puisqu'il s'en trouve un grand nombre plus habiles & plus versés dans la loi de Dieu que vous ?

Voulez-vous rendre vos études & votre science utiles ? aimez à être inconnu, & à n'être compté pour rien.

La leçon la plus utile & la plus importante qu'on puisse donner, est de se connoître soi-même & de se mépriser. C'est une grande sagesse & une grande perfection de reconnoître son néant, & de penser toujours avantageusement des autres.

Quand vous verriez quelqu'un tomber dans des fautes manifestes, & commettre de grands crimes, vous ne devriez pas vous croire meilleur que lui; parce que vous ne savez pas combien de temps vous persévérerez dans le bien.

Nous sommes tous fragiles; mais vous devez être persuadé que personne ne l'est plus que vous.

Nota. On n'a point indiqué d'Exercices pour le Dimanche suivant, parce que les Offices & Instructions de la Paroisse en tiennent lieu, & qu'ils sont bien propres à entretenir l'esprit de retraite.

LE LUNDI

Dans l'Octave de l'Ascension.

ON s'appliquera, pendant ce jour, à réfléchir sur le don de Conseil, qui est le troisieme des dons du Saint-Esprit.

MÉDITATION

SUR LE DON DE CONSEIL.

LE Conseil est un don qui nous fait toujours choisir ce qui contribue le plus à la gloire de Dieu & à notre salut.

Si la conscience, cette lumiere intérieure que Dieu lui-même a placée au-dedans de nous, se montroit toujours avec netteté; si, quand elle parle, cette conscience, elle étoit toujours écoutée avec attention & avec docilité de notre part, aurions-nous besoin d'autre lumiere pour guider nos pas ? & ne marcherions-nous pas toujours avec sureté, puisque Dieu seroit, par elle, notre conducteur & notre guide ? Mais la conscience devient souvent fausse, par les préjugés dont on l'enveloppe pour l'obscurcir, quoiqu'elle parle fréquemment, nettement & fortement. On cherche à s'étourdir, pour ne pas l'entendre; ou l'on fait parler plus haut les passions, pour la forcer à se taire, ou du moins pour que son langage soit moins importun. Delà, cette habitude qu'on se forme, & de ne l'interroger presque jamais avant d'agir, & de lui résister lorsque l'intérêt de quelques passions vient à balancer ses suffrages : delà, les fausses démarches, les dangereuses méprises qui exposent la plupart des Chrétiens à marcher dans des voies opposées à celles du salut. Quiconque connoît ces dangers, ou redoute ce malheur, doit sentir combien il a besoin d'un esprit de conseil, pour diriger ses pas, & pour le préserver non-seulement de la voie de l'iniquité, où court le plus grand nombre ; mais de celle de la fausse justice, par laquelle beaucoup courent aussi rapidement à leur perte. Car, sans cet esprit, qui peut seul nous faire discerner les ténebres de la lumiere, qui nous mettra en garde contre tant de fausses vertus, souvent plus opposées à notre sanctification, que les désordres les plus criminels : fausses vertus, qui outragent Dieu d'autant plus sensiblement, que nous employons contre lui les moyens mêmes qu'il nous a marqués pour l'honorer ? Rien n'est donc plus à craindre pour nous, que d'être abandonnés à la main de notre propre conseil. C'est le châtiment le plus terrible que Dieu puisse tirer du vase de sa colere. Cependant n'est-ce pas souvent la juste punition de cet orgueil qui

D 5

nous fait abonder dans notre **propre fens**, préférer nos lumieres & nos vues à celles qui nous viennent de l'Efprit de Dieu, & fuivre les voies que nous nous fommes tracées, préférablement à celles qui nous font ouvertes par des guides éclairés ? Il nous importe donc d'étudier cet abus, de le prévenir, ou d'y remédier, en follicitant pendant ces jours, l'efprit de confeil. Mais pour l'obtenir, cet efprit, il eft des défauts à combattre, des précautions à prendre. Nous connoîtrons les uns & les autres dans les deux confidérations fuivantes.

1°. Avons-nous défiré & demandé dans nos différentes entreprifes, les lumieres & les confeils de l'Efprit-Saint ?

2°. Quand ce divin Efprit a daigné fe faire entendre à nos cœurs, ne lui avons-nous pas oppofé une criminelle réfiftance ?

Premiérement, Avons-nous défiré & demandé les lumieres de l'Efprit de confeil, pour déterminer nos démarches & nos entreprifes ? N'avons-nous pas mis plus de confiance dans nos lumieres naturelles, ou dans les connoiffances que nous avons acquifes par l'expérience & par l'étude, que dans celles que nous pouvions obtenir par la priere ? Avons-nous été perfuadés qu'il n'étoit aucune de ces entreprifes & de ces démarches qui ne dût influer pour quelque chofe, & peut-être irrévocablement fur notre falut, ou notre perte éternelle ? Avons-nous fait attention, par exemple, que le choix ou le changement d'état appartenoit si essentiellement à Dieu, que nous ne pouvions, sans témérité, disposer de nous-mêmes, & nous décider par les lumieres de notre propre sagesse, ou sur les conseils d'une prudence toute humaine ? Avons-nous été convaincus que chacune de nos actions pouvoit intéresser la gloire de Dieu, l'édification du prochain & notre propre sanctification ; & que pour les rendre dignes d'une récompense éternelle, elles devoient être faites par des motifs & une fin surnaturelle ? & par cette raison nous sommes-nous défiés, en faisant ces actions, de tout orgueil, de tout respect humain, & de tant d'autres dispositions qui pouvoient les rendre vicieuses ? Ce sont là les causes les plus ordinaires de nos méprises & de nos erreurs. L'Esprit-Saint peut seul nous précautionner contre ces dangers par les lumieres surnaturelles qu'il nous communique ; mais il ne les accorde qu'aux cœurs simples qui ne le tentent pas, aux cœurs sinceres qui ne le contristent pas, aux cœurs humbles qui ne l'éloignent pas, aux cœurs purs qui ne l'outragent pas, aux cœurs dociles qui ne lui résistent pas. Il nous importe donc de nous sonder sur chacune de ces dispositions, pour connoître si, jusqu'à présent, c'est l'Esprit de conseil qui a préfidé à nos déterminations ; ou plutôt, fi la chair & le fang n'ont pas fouvent étouffé la voix de cet Efprit de lumiere ?

Secondement, Toutes les fois que l'Efprit-Saint a daigné parler à nos cœurs, l'avons-nous écouté avec attention & avec docilité ? Nous n'avons pas dit clairement, comme autrefois le peuple Juif, que le Seigneur ne nous parle pas : nous aurions même horreur de ce blafphême. Mais fi nous avons fermé volontairement l'oreille de notre cœur aux confeils de cet Efprit ; fi, en flattant nos paffions, nous avons entretenu en nous l'obftacle le plus dangereux & le plus oppofé aux impreffions que cet Efprit-Saint devoit faire fur nous ; fi fes infpirations ont été méprifées, les remords de notre confcience étouffés, les avertiffements de toute nature éludés, nous devons reconnoître que nous méritons le reproche adreffé par le premier des Martyrs à la Synagogue : Vous réfiftez, leur difoit-il, à l'Efprit-Saint. Et comment ne vivrions-nous pas dans cette difpofition habituelle de réfiftance ! La diffipation dans laquelle nous vivons, les converfations inutiles & fréquentes auxquelles nous nous livrons, les raifons continuelles que nous fuggere le refpect humain, ou que nous dicte la paffion, pour nous difpenfer du bien que l'Efprit-Saint nous infpire, & pour nous permettre le mal qu'il désapprouve, ne font-ce pas là les caufes de cette dangereufe réfiftance? Ajoutons à ces abus la négligence à rentrer en nous-mêmes, le gout que nous avons pour la vanité & le menfonge, la molle complaifance avec laquelle nous épargnons nos penchants; comment eft-il poffible qu'au milieu de l'agitation que caufent en nous tant de defirs contraires à la volonté de Dieu, notre cœur retrouve ce calme intérieur, cette folitude habituelle que choifit ordinairement l'Efprit-Saint, quand il veut fe communiquer à nos ames?

Confeffons donc, avec douleur, toutes les démarches précipitées que nous avons faites, toutes les entreprifes téméraires que nous avons conçues ou exécutées, fans appeller cet Efprit de confeil. Si la confcience fur-tout nous reprochoit d'avoir pris des engagements importants, embraffé un état, formé des liaifons, des fociétés, contracté une alliance fans aucun recours au Guide fuprême; & ce qui eft plus dangereux encore, contre les vues & les deffeins connus de cet Efprit de lumiere; hâtons-nous de nous confondre en fa préfence, & réparons au moins par le gémiffement du cœur & par la priere, l'attentat énorme que nous avons commis contre fon autorité fuprême; & prévenons, autant qu'il eft en nous, les dangers d'une vocation auffi défectueufe : ajoutons à ces gémissements la ferme résolution de rompre tout engagement qui ne seroit pas irrévocable ; de quitter tout état où la main de Dieu ne nous retiendroit pas, & de soumettre désormais à cet Esprit de sagesse toutes nos pensées, nos desirs, nos entreprises & nos projets ; de ne commencer aucune de nos actions principales, sans avoir consulté ce divin conseil ; de fermer l'oreille à tous les conseils pernicieux que pourroient nous donner des amis trop humains, & notre cœur à toutes les suggestions de l'amour-propre, de la vanité & de toute autre passion ; enfin, de régler toutes nos démarches sur la Loi, & de les sanctifier par la charité.

C'est à vous seul, Esprit de conseil, à nous conduire dans cette voie droite qui se termine au Royaume des cieux ; dans cette voie pure, qui, séparée du monde & de l'air contagieux qu'on y respire, est éclairée par la lumiere de votre vérité ; dans cette voie étroite, qui, par la pénitence & la croix, conduit au repos & à la vie. Sans vous, nous manquons ici-bas de lumiere pour la connoître, de courage pour y marcher, de sagesse pour éviter les écueils qui l'environnent, & de force pour y persévérer. C'est vous qui soutenez les pas de ceux qui chancellent, qui redressez ceux qui s'égarent, qui affermissez ceux que le vent des tentations ébranle : attirez - nous à cette voie par les inspirations de votre grace ; retenez-nous par les liens de la charité ; couvrez-nous de vos ailes ; défendez-nous contre les ennemis qui s'opposent à notre avancement & à nos progrès. Que par vous toutes nos actions soient saintes, toutes nos entreprises justes, toutes nos démarches utiles, toutes nos œuvres méritoires. Soyez notre conseil au milieu des incertitudes de la vie présente, vous qui devez être notre félicité au grand jour de l'éternité. Ainsi soit-il.

PRIERE ET LECTURE.

LE LUNDI MATIN.

Legem pone mihi, Dómine, viam justificatiónum tuárum, * & exquíram eam semper.

Da mihi intelléctum, & scrutábor legem tuam ; * & custódiam illam in toto corde meo.

Deduc me in sémitam mandató-

ENseignez-moi, Seigneur, à vivre selon vos commandements, afin que je les garde jusqu'à la fin de ma vie.

Donnez - moi l'intelligence de votre loi, afin que je la médite, & que je l'observe de tout mon cœur.

Faites-moi marcher dans la voie de vos préceptes ; car c'est tout ce que je desire.

Portez mon cœur à l'observation de vos ordonnances, & non pas à l'avarice.

Détournez mes ieux des objets de la vanité : faites-moi vivre dans votre voie.

Affermissez votre loi dans le cœur de votre serviteur, en lui donnant la crainte de vous déplaire.

Eloignez de moi l'opprobre que j'appréhende, puisque vos jugements sont pleins de douceur.

Vous voyez que je ne desire que votre loi : faites-moi vivre selon votre justice.

Seigneur, exercez envers moi votre miséricorde : sauvez-moi selon vos oracles ;

afin que j'aie de quoi

rum tuórum ; * quia ipsam vólui.

Inclína cor meum in testimónia tua , * & non in avaritiam.

Avette óculos meos , ne vídeant vanitátem : * in via tua vivífica me.

Státue servo tuo elóquium tuum , * in timóre tuo.

Amputa oppróbrium meum quod suspicátus sum ; * quia judícia tua jucunda.

Ecce concupívi mandáta tua : * in æquitáte tua vivífica me.

Et véniat super me misericórdia tua , Dómine : * salutáre tuum secundùm elóquium tuum.

Et respondébo exprobrántibus mihi verbum ; * quia sperávi in sermónibus tuis.

Et ne áuferas de ore meo verbum veritátis usquequáque ; * quia in judíciis tuis supersperávi.

Et custódiam legem tuam semper, * in féculum & in féculum féculi.

Et ambulábam in latitúdine ; * quia mandáta tua exquisívi.

Et loquébar de testimóniis tuis in conspectu regum,* & non confundébar.

Et meditábar in mandátis tuis, * quæ dilexi.

Et levávi manus meas ad mandáta tua quæ dilexi, *

répondre à ceux qui me reprochent que j'espere en vos paroles.

Et ne m'ôtez pas le moyen de défendre la fidélité de vos promesses, puisque j'ai mis toute mon espérance dans vos jugements.

Je garderai toujours votre loi ; je la garderai éternellement.

Je marcherai au large comme dans un chemin spacieux ; parce que je ne cherche qu'à accomplir vos préceptes.

Je parlerai de votre loi devant les Rois, sans en rougir.

Je méditerai vos ordonnances, qui font l'objet de mon amour.

Je travaillerai à l'exécution de vos préceptes, qui me font si chers, &

je m'occuperai de votre loi.	& exercébar in juſtificatiónibus tuis.
Gloire au Pere, &c.	Glória Patri, &c.

Troiſieme Chapitre du Sermon de Jéſus-Chriſt ſur la Montagne.

Saint Matthieu, Chap. VII.

NE jugez point, afin que vous ne ſoyez point jugés.

Car vous ſerez jugés ſelon que vous aurez jugé les autres ; & on ſe ſervira envers vous de la même meſure dont vous vous ferez ſervis *envers eux.*

Pourquoi voyez-vous une paille dans l'œil de votre frere, vous qui ne voyez pas une poutre dans votre œil ?

Ou comment dites-vous à votre frere, laiſſez-moi tirer une paille de votre œil, vous qui avez une poutre dans le vôtre ?

Hypocrite, ôtez premiérement la poutre de votre œil, & alors vous verrez comment vous pourrez tirer la paille de l'œil de votre frere.

Gardez-vous bien de donner les choſes ſaintes aux chiens, & ne jettez point vos perles devant les pourceaux ; de peur qu'ils ne les foulent ſous leurs pieds, & que ſe tournant *contre vous*, ils ne vous déchirent.

Demandez, & on vous donnera ; cherchez, & vous trouverez; frappez *à la porte*, & on vous ouvrira.

Car quiconque demande, reçoit; & qui cherche, trouve; & on ouvrira à celui qui frappe *à la porte.*

Aussi qui est l'homme d'entre vous qui donne une pierre à son fils, lorsqu'il lui demande du pain?

Ou s'il lui demande un poisson, lui donnera-t-il un serpent?

Si donc étant méchants comme vous êtes, vous savez donner de bonnes choses à vos enfants, à combien plus forte raison, votre Pere qui est dans les cieux, donnera-t-il les *vrais* biens à ceux qui les lui demandent?

Faites donc aux hommes tout ce que vous voulez qu'ils vous fassent : car c'est là la Loi & les Prophetes.

Entrez par la porte étroite; parce que la porte de la perdition est large, & le chemin qui y mene est spacieux, & il y en a beaucoup qui y entrent.

Que la porte de la vie est petite; que la voie qui y mene est étroite, & qu'il y en a peu qui la trouvent!

Gardez-vous des faux Prophetes, qui viennent à vous couverts de peaux de brebis, & qui au-dedans sont des loups ravissants.

Vous les connoîtrez par leurs fruits. Peut-on cueillir des raisins sur des épines, ou des figues sur des ronces?

Ainsi tout arbre qui est bon, produit de bons fruits; & tout arbre qui est mauvais, produit de mauvais fruits.

Un bon arbre ne peut produire de mauvais fruits, & un mauvais arbre n'en peut produire de bons.

Tout arbre qui ne produit point de bons fruits, sera coupé & jetté au feu.

Vous les reconnoîtrez donc par leurs fruits.

Ceux qui me disent, Seigneur, Seigneur, n'entreront pas tous dans le Royaume des cieux; mais celui-là *seulement* y entrera, qui fait la volonté de mon Pere qui est dans les cieux.

Plusieurs me diront en ce jour-là : Seigneur, Seigneur, n'avons-nous pas prophétisé en votre nom? N'avons-nous pas chassé les démons en votre nom? & n'avons-nous pas fait plusieurs miracles en votre nom?

Et alors je leur dirai hautement : Je ne vous ai jamais connus. Retirez-vous de moi, vous qui faites des œuvres d'iniquité.

Quiconque entend donc ces paroles que je dis & les pratique, sera comparé à un homme sage qui a bâti sa maison sur la pierre;

& lorsque la pluie est tombée, que les fleuves se sont débordés, & sont venus fon-

dre sur cette maison, elle n'est point tombée, parce qu'elle étoit fondée sur la pierre.

Mais quiconque entend ces paroles que
je dis, & ne les pratique point, il est semblable à un homme insensé, qui a bâti sa
maison sur le sable ;

& lorsque la pluie est tombée, que les
fleuves se sont débordés, que les vents ont
soufflé & sont venus fondre sur cette maison, elle a été renversée, & la ruine en
a été grande.

Or Jésus ayant achevé tous ces discours,
les peuples étoient dans l'admiration de sa
doctrine.

Car il les instruisoit comme ayant autorité, & non pas comme leurs Scribes, ni
comme les Pharisiens.

LE LUNDI AU SOIR.

MEmor esto verbi tui ser-
vo tuo : * in quo
mihi spem dedisti.

SOuvenez-vous de la
promesse que vous
avez faite à votre servi-
teur ; promesse qui m'a
fait espérer en vous.

Hæc me conso-
láta est in humili-
táte mea : * quia
elóquium tuum vi-
vificávit me.

Cette promesse a été
ma consolation dans mes
maux ; & votre parole
m'a rendu la vie.

Superbi iníquè

Les superbes m'ont

traité avec la derniere injustice, sans que je me sois détourné de votre loi.

Je me souviens des jugements que vous avez exercés depuis le commencement du monde ; & j'y trouve ma consolation.

Je suis saisi d'horreur, en considérant l'état des méchants qui abandonnent votre loi.

Vos oracles me servent de cantiques de réjouissance dans le lieu de mon exil.

Seigneur, je me souviens de votre nom durant la nuit, & je garde votre loi.

Ces avantages me sont venus de ce que j'observe vos commandements.

Seigneur, ai-je dit, mon partage est de garder votre loi.

J'implore votre assis-

agébant usquequáque ; * à longè autem tua non declinávi.

Memor fui judiciórum tuórum à féculo, Dómine ; * & consolátus sum.

Deféctio ténuit me, * pro peccatóribus derelinquéntibus legem tuam.

Cantábiles mihi erant justificatiónes tuæ, * in loco peregrinatiónis meæ.

Memor fui nocte nóminis tui, Dómine ; * & custodívi legem tuam.

Hæc facta est mihi ; * quia justificatiónes tuas exquisívi.

Pórtio mea, Dómine, * dixi, custodíre legem tuam.

Deprecátus sum

fáciem tuam in toto corde meo : * miserére meî secúndùm elóquium tuum.

tance de tout mon cœur : ayez pitié de moi selon vos promesses.

Cogitávi vias meas, * & convérti pedes meos in testimónia tua.

J'ai fait réflexion sur mes démarches, & j'ai tourné mes pas vers la voie de vos préceptes.

Parátus sum, & non sum turbátus, * ut custódiam mandáta tua.

Je me suis hâté d'accomplir, sans délai, vos ordonnances.

Funes peccatórum circumpléxi sunt me : * & legem tuam non sum oblítus.

J'ai été assiégé d'une troupe de méchants, qui ont voulu me perdre, sans que j'aie oublié votre loi.

Médiâ nocte surgébam ad confiténdum tibi, * super judícia justificatiónis tuæ.

Je me leve au milieu de la nuit, pour vous louer sur l'équité de vos jugements.

Párticeps ego sum ómnium timéntium te, * & custodiéntium mandáta tua.

Je suis lié d'affection & de société avec tous ceux qui vous craignent & qui gardent vos commandements.

Misericórdiâ tuâ, Dómine, plena est terra : * justifica-

Toute la terre, Seigneur, est remplie des effets de votre bonté : ne

me refusez pas de m'en-
seigner votre loi.
    Gloire au Pere, &c.

tiónes tuas doce
me.
    Glória Patri, &c.

Chapitre trôisieme du troisieme Livre de l'Imitation de Jésus-Christ.

Qu'il faut écouter avec humilité les paroles de Dieu, & que plusieurs n'y font pas assez d'attention.

JÉSUS-CHRIST.

MON fils, écoutez mes paroles ; elles font pleines de douceur ; elles passent infiniment toute la science des Philosophes & des Sages de ce monde.

Mes paroles font esprit & vie ; (Joan. 6, 64.) & l'on ne doit pas en juger par les lumieres de l'esprit humain.

On ne doit point y chercher une vaine satisfaction, mais les écouter en silence, & les recevoir avec une profonde & sincere humilité, & avec un ardent desir d'en profiter.

LE FIDELE.

Seigneur, heureux l'homme que vous aurez inftruit, & à qui vous aurez appris votre loi, afin de lui adoucir l'amertume des mauvais jours ; (Pf. 93, 12, &c.) & qu'il ne foit pas fans quelque confolation fur la terre.

Jésus-

JÉSUS-CHRIST.

C'eft moi qui ai enfeigné les Prophetes dès le commencement, & je ne ceffe pas même à préfent de parler à tous les hommes. Mais plufieurs font fourds à ma voix, & s'enduiciffent.

Plufieurs aiment mieux écouter le monde que Dieu ; ils fuivent les defirs dérégiés de leur chair préférablement à fa volonté.

Le monde ne promet que des biens temporels & de peu de valeur ; & on le fert avec une grande ardeur. Je promets des biens immenfes & éternels ; les cœurs des hommes n'y font pas fenfibles.

Qui eft-ce qui me fert en tout, & obéit avec autant de foin qu'on fert le monde & fes maîtres ? *Rougiffez, Sidon*, dit la mer ; & fi vous en demandez la raifon, écoutez, la voici.

On entreprend de grands voyages pour obtenir un petit bénéfice, & plufieurs font à peine un pas pour obtenir la vie éternelle.

On fe met en mouvement pour une vile récompenfe ; on n'a pas honte de plaider pour une très-petite fomme ; on ne craint point de fe fatiguer jour & nuit fur une vaine efpérance, fur la plus petite promeffe.

Mais quelle honte ! on ne veut pas fe donner la moindre peine pour acquérir un bien immuable, pour une récompenfe

E

qu’on ne peut affez eftimer, pour un honneur fuprême, pour une gloire qui n’aura
jamais de fin.

Rougiffez donc, ferviteur pareffeux, &
qui vous plaignez toujours ; rougiffez de
voir les efclaves du monde plus ardents
pour leur perte, que vous ne l’êtes pour
votre falut.

Ils ont plus d’empreffement pour la vanité, que vous n’en avez pour la vérité.

Cependant ils font fouvent trompés dans
leur efpérance, & moi je fuis toujours fidele dans mes promeffes, & je ne renvoie
jamais ceux qui mettent en moi leur confiance, les mains vuides.

Je donnerai ce que j’ai promis, j’accom-
plirai toutes mes paroles, pourvu néanmoins qu’on perfévere fidélement jufqu’à
la fin dans mon amour.

C’eft moi qui récompenfe tous les gens
de bien, & qui exerce, par de rudes épreu-
ves, tous ceux qui fe font confacrés à mon
fervice.

Ecrivez mes paroles dans votre cœur,
& méditez-les avec foin : car elles vous feront très-néceffaires dans le temps de la
tentation.

Ce que vous ne comprenez pas lorfque
vous les lifez, vous le connoîtrez dans le
jour de ma vifite.

J'ai deux manieres de vifiter mes élus; la tentation & la confolation.

Je leur donne tous les jours deux leçons : l'une, en les reprenant de leurs défauts ; l'autre, en les exhortant à s'avancer dans la vertu.

Celui qui entend mes paroles, & les mé-prife, aura un juge qui le condamnera au dernier jour.

PRIERE

Pour obtenir la grace de la dévotion.

SEIGNEUR, mon Dieu, vous êtes vous feul tous mes biens. Et qui fuis-je, pour ofer vous parler ?

Je fuis le plus pauvre de vos ferviteurs, un miférable vermiffeau, plus pauvre mille fois, & plus méprifable que je ne puis le penfer, & que je n'ofe le dire. Souvenez-vous pourtant, Seigneur, que je ne fuis rien, que je n'ai rien, que je ne puis rien.

Vous êtes feul bon, jufte & faint. Vous pouvez tout, vous donnez tout, vous rem-pliffez tout, excepté le pécheur, que vous laiffez vuide de vos dons.

Souvenez-vous de vos miféricordes, (Pf. 24, 6.) & rempliffez mon cœur de votre grace, vous qui ne pouvez fouffrir de vui-de dans vos ouvrages.

E 2

Comment pourrois je me supporter dans cette misérable vie, si votre miséricorde & votre grace ne me soutenoient ?

Ne me cachez point votre visage ; (Pf. 26, 9.) ne différez pas de me visiter ; ne retirez point de moi vos consolations, de peur que mon ame ne devienne *devant vous comme une terre seche & aride.* (Pf. 142 , 6.)

Seigneur, enseignez-moi à faire votre volonté ; (verf. 10.) enseignez-moi à vivre en votre présence dans l'humilité, & d'une maniere digne de vous, parce que vous êtes ma fagesse ; vous qui me connoissez dans la vérité ; vous qui m'avez connu avant que le monde fût, avant que je fusse né dans le monde.

LE MARDI

Dans l'Octave de l'Ascension.

C'EST le don de Force qui doit être, pendant ce jour, le sujet de l'attention : il est le quatrieme des dons du Saint-Esprit.

MÉDITATION

SUR LE DON DE FORCE.

LA force est un don qui nous fait surmonter courageusement tous les obstacles & toutes les difficultés qui s'opposent à notre salut.

Nous sommes rois par notre vocation ; l'Apôtre S. Pierre nous en avertit : mais comme Jésus-Christ, dont nous sommes les cohéritiers, nous pouvons dire que notre royaume n'est point de ce monde ; &, à son exemple, nous ne pouvons arriver à ce Royaume que par la voie la plus étroite, & par les travaux & les combats de la vie présente. Comment donc cette idée de combats, de triomphes & de victoires, pourroit-elle s'accorder avec l'infirmité de notre nature, si, pour nous défendre contre nos ennemis, la Foi ne nous metroit entre

E ;

les mains des armes ſpirituelles? Et de quel ſecours même ſeroient ces armes, ſi l'Eſprit-Saint ne nous inſpiroit la force & le courage néceſſaire à notre défenſe? Auſſi nous importe-t-il beaucoup de connoître combien nos ennemis ſont artificieux & puiſſants, afin de nous exciter à demander le ſecours qui vient du Seigneur; mais il ne nous importe pas moins, pour entretenir notre ardeur, de nous occuper ſouvent, & de la ſolidité des promeſſes que Jéſus-Chriſt nous a faites de régner avec lui, & de la certitude du ſecours qu'il nous prépare, ſi nous ne mettons pas en nous-mêmes une aveugle confiance. Il eſt même bien eſſentiel que nous ne perdions pas de vue notre propre foibleſſe; puiſque c'eſt la connoiſſance de tous ces objets qui nous rendra en même-temps, & plus vigilants ſur nous-mêmes, & plus attentifs à réſiſter à l'ennemi, & plus ardents à ſolliciter la force, & plus fideles à faire uſage des armes que l'Eſprit-Saint nous met entre les mains.

Perſuadons-nous bien d'abord que tout ce qui nous environne ici-bas eſt obſtacle & danger. Nous en trouvons en nous-mêmes, & hors de nous; dans nos devoirs, comme dans nos plaiſirs; au milieu de nos familles & de nos amis, comme de la part de nos ennemis; & dans le ſein de l'abondance, comme au milieu de la diſette : une imagination à régler, une volonté à réprimer, des passions à dompter, des fautes à expier, des chutes à réparer, une foiblesse naturelle à surmonter; ce n'est-là encore qu'une partie des écueils que nous trouvons en nous-mêmes. Du moins si nous y trouvions quelques ressources; mais où sont-elles? Dans nos lumieres? L'orgueil les obscurcit, ou les éteint. Dans nos efforts? Ils sont si impuissants depuis le péché, qu'ils ne consistent souvent que dans de foibles résolutions, ou dans des précautions insuffisantes. Semblables à un convalescent, à qui une dangereuse maladie a laissé un fonds habituel d'épuisement & de langueur, abandonné à nous-mêmes, nous nous soulevons quelquefois, & nous retombons bientôt. Qui peut donc nous rendre une main secourable? L'Esprit-Saint. Mais apprenons à quelle condition il nous promet son secours. Il n'assiste, comme il le dit dans les Ecritures, que ceux qui ne présumant pas d'eux-mêmes, présument sans orgueil de sa miséricorde & de sa bonté. Nous devons considérer :

1°. Combien est grande notre foiblesse, pour nous en défier.

2°. Combien grandes sont les ressources que l'Esprit-Saint nous ménage, pour les solliciter & en bien user.

Premiérement, Sans remonter jusqu'au

péché originel, source de tous nos malheurs, & comparer l'état de l'homme innocent à celui de l'homme tombé, contentons-nous de rentrer en nous-mêmes, & de nous considérer tels que nous sommes; & nous nous instruirons de l'infirmité de notre nature. L'Apôtre se plaignoit de ne pas faire le bien qu'il vouloit, & d'éprouver la pente la plus naturelle pour le mal qu'il détestoit. Il sentoit en lui-même deux hommes, dont les inclinations opposées formoient une guerre continuelle. Aussi n'appelloit-il son corps qu'un corps de péché, dont il demandoit avec instance d'être délivré. Si nous ne le demandons pas avec la même ardeur que lui, le besoin n'en est pas moins réel : les combats sont certainement plus fréquents en nous que dans le grand Apôtre ; & comme nous sommes beaucoup moins vigilants & moins mortifiés que lui, les défaites nous sont bien plus ordinaires. Combien de fois, en effet, notre conscience n'a-t-elle pas réclamé en faveur de la justice, tandis que nos penchants nous entraînoient vers l'iniquité ! Combien de lumieres que l'Esprit-Saint a répandues en nous & autour de nous, pour nous découvrir le bien qu'il faut faire, & la maniere de l'exécuter, tandis que les illusions de notre amour-propre nous ont fait prendre les apparences de la vertu pour

la vertu même! Quelquefois un zele paf-
fager, une ferveur momentanée nous ont
décidés pour la piété & la vertu; & bientôt une molleſſe habituelle, une lâcheté
naturelle nous ont inſpiré du dégout. Aujourd'hui nous admirons la ſageſſe dans les
autres, nous louons leur juſtice, nous les
invitons à la charité; & bientôt nous nous
trouvons tiedes dans le ſervice de Dieu,
ardents à défendre nos intérèts, durs ou
indifférents à l'égard de nos freres. Nous
condamnons dans le prochain le luxe, la
médifance & l'orgueil; & nous rapportons
tout à nous-mêmes. Nous ne ſupportons
pas un mépris ſans en reſſentir de l'aigreur:
nous fuyons tout ce qui nous contraint &
nous gêne. Rendons-nous donc juſtice, &
convenons que cette oppoſition entre nos
volontés & nos mœurs, nos ſentiments &
ros actions ſont les plus grands arguments
de notre foibleſſe: étudions du moins nos
reſſources.

Secondement, Si nous avons tout à craindre de notre foibleſſe, nous avons tout à
eſpérer de la bonté de Dieu, qui ne permet pas que nous ſoyons tentés au-deſſus
de nos forces; & qui nous ſecourt dans la
tentation, quand elle n'eſt pas l'effet de notre préſomption & de notre témérité. Auſſi
l'Apôtre S. Pierre met-il en oppoſition la
rufe & l'artifice de notre ennemi, avec les

reſſources que l'Eſprit-Saint nous a ménagées pour le vaincre : il ne nous diſſimule pas le danger, quand il compare le démon à un lion rugiſſant, qui tourne ſans ceſſe autour de nous pour nous dévorer ; mais il oppoſe à cette effrayante peinture, les armes que l'Eſprit de force met entre nos mains : la vigilance & la foi. Il ne s'agit donc pour nous que d'examiner l'uſage que nous avons fait juſqu'à préſent de ces armes. Soyez ſobres, & veillez, nous dit-il. Il ne parle pas ſeulement de la tempérance dans l'uſage des aliments qui entretiennent notre vie. La ſobriété qu'il nous recommande doit s'étendre ſur toutes les opérations de l'ame & du corps. Sobres dans nos penſées, nous devons nous défendre de toutes penſées vaines & inutiles, pour tourner nos eſprits vers celui qui peut en fixer l'inconſtance & la légéreté : ſobres dans nos deſirs, nous devons les détourner de tous les biens périſſables pour les occuper des biens inviſibles & éternels : ſobres dans nos plaiſirs, s'il en eſt de permis à un Chrétien, ils doivent être de nature à ne point dominer le cœur : ſobres dans nos converſations, le temps que nous leur donnons, & les objets qui en ſont la matiere, doivent être réglés ſur les loix du devoir & de la charité. De ce détail nous pouvons conclure, que nous avons à nous reprocher

des intempérances de toutes les natures.
Et quel reproche n'avons-nous pas à nous
faire, si nous nous examinons sur la vigilance, qui est la compagne de la sobriété?
Si, selon la pensée de Jérémie, la mort
trouve le secret de s'introduire par les fe-
nêtres; nos sens ne lui ont-ils pas ouvert
les portes les plus larges & les plus fa-
ciles, toutes les fois qu'ils n'ont pas été
gardés par la circonspection & par la prudence, défendus par la crainte du péché
& de ses suites funestes? Car, avouons le,
l'ennemi n'auroit pas tant de prise sur nous,
si nous n'étions pas d'intelligence avec lui
pour nous perdre. Il auroit beau salir les
oreilles, souiller les ieux, troubler l'imagination par les objets les plus dangereux :
des sens gardés avec soin, ne cedent pas
si facilement à la séduction. Il est donc
prouvé que nos chutes ne viennent que du
peu d'usage que nous faisons de notre Foi;
puisque, selon l'Apôtre S. Pierre, c'est par
elle que nous résistons avec force; & que,
suivant S. Jean, elle nous rend victorieux
du monde : mais il faut pour cela qu'elle
parle à Dieu par la priere, & agisse par
la charité.

Reconnoissons donc, avec sincérité & avec
douleur, la cause de toutes nos défaites.
D'un côté, une foiblesse naturelle, & que
nous n'avons que trop méconnue : de l'au-

tre, des armes puissantes par leur nature, & que nous avons presque toujours négligées. Nous sommes foibles dans la Foi ; parce que nous ne la demandons pas quand elle nous manque : nous ne la fortifions pas, quand elle chancelle ; nous ne la nourrissons pas par l'étude des vérités du salut ; & souvent l'orgueil éteint ou obscurcit en nous la lumiere de ce divin flambeau. A la foiblesse, nous joignons l'imprudence, en nous exposant aux tentations, en nous livrant aux occasions, en vivant familiérement avec nos ennemis les plus redoutables. A l'imprudence, nous ajoutons la fausse confiance & la présomption. Forts, contre Dieu même, nous résistons, lorsqu'il faudroit obéir. Timides & pusillanimes, contre le démon, nous cédons lorsqu'il faudroit résister.

O vous, Esprit de Dieu, qui êtes vraiment la force de son bras, devenez la nôtre ; & nous pourrons dire, avec l'Apôtre des Nations : Je puis tout en celui qui me fortifie. Formez nos mains au combat ; & comme le jeune David, nous terrasserons le lion infernal, nous ferons périr l'orgueilleux Philistin : c'est-à-dire, le péché & tous ses attraits, le démon & tous ses artifices n'auront aucune prise sur nous. L'humble & foible Judith, armée de votre secours, ne craint point le redoutable Holopherne au milieu du camp terrible qui affiége Béthulie. Le monde, environné de ses plaisirs, armé de ses maximes, ne peut ébranler celui qui est muni de votre secours. Que la charité, dont vous êtes le principe, & qui est plus forte que la mort, nous attache à vous par des liens indiſſolubles : alors qui oseroit nous arracher de vos mains ? Nous oserons défier la mort & la vie, les afflictions & les plaisirs, la chair & le sang, de nous séparer de celui qui est notre force dans le temps, & qui doit être notre refuge pour l'éternité. Ainſi ſoit-il.

PRIERE ET LECTURE.

LE MARDI MATIN.

BOnitátem feciſti cum servo tuo, Dómine,* secundùm verbum tuum.

Bonitátem, & diſciplínam, & sciéntiam doce me ; * quia mandátis tuis crédidi.

Priuſquam hu-

SEigneur, vous avez traité favorablement votre serviteur selon vos promeſſes.

Donnez-moi le gout & le diſcernement du bien ; donnez-moi la véritable ſcience, parce que je me fie pleinement à vos promeſſes.

J'ai été dans l'égare-

ment avant que vous m'ayez humilié : je me conduis maintenant selon vos paroles.

Vous êtes bon, & vous aimez à faire du bien ; enseignez-moi vos ordonnances.

L'injustice des superbes augmente tous les jours à mon égard ; mais je m'attacherai toujours à vos commandements de tout mon cœur.

Leur cœur tout matériel, est fermé à votre loi : pour moi, j'en fais mes délices.

Il m'a été très-utile, pour apprendre vos préceptes, de tomber dans l'affliction.

La loi que vous nous avez donnée, m'est un plus grand trésor que des millions d'or & d'argent.

Vos mains m'ont créé & m'ont formé : donnez-moi l'intelligen-

miliárer, ego delíqui : * proptérea elóquium tuum custodívi.

Bonus es tu ; * & in bonitáte tua doce me justificatiónes tuas.

Multiplicáta est super me iníquitas superbórum : * ego autem in toto corde meo scrutábor mandáta tua.

Coagulátum est sicut lac cor eórum : * ego veró legem tuam meditátus sum.

Bonum mihi, quia humiliásti me, * ut discam justificatiónes tuas.

Bonum mihi lex oris tui, * super míllia auri & argenti.

Manus tuæ fecérunt me, & plasmavérunt me :* da mihi

intelléctum, & dif-
cam mandáta tua.

Qui timent te,
vidébunt me, &
lætabuntur ; * quia
in verba tua fu-
perfperávi.

Cognóvi, Dó-
mine, quia æqui-
tas judícia tua, *
& in veritáte tua
humiliáfti me.

Fiat mifericór-
dia tua ut confolé-
tur me, * fecun-
dùm elóquium
tuum fervo tuo.

Véniant mihi
miferatiónes tuæ,
& vivam ; * quia
lex tua meditátio
mea eft.

Confundantur fu-
perbi, quia injuftè
iniquitátem fecé-
runt in me ; * ego
autem exercébor
in mandátis tuis.

Convertantur

*ce, afin que j'apprenne
vos préceptes.*

*Ceux qui vous crai-
gnent, se réjouiront, en
voyant que vous m'avez
protégé ; parce que j'au-
rai espéré en vos paroles.*

*Je reconnois, Sei-
gneur, que vos juge-
ments font équitables,
& que ç'a été avec juf-
tice que vous m'avez hu-
milié.*

*Exercez maintenant
votre miféricorde envers
moi pour me confoler,
felon la promeffe que
vous avez faite à votre
ferviteur.*

*Répandez les effets
de votre bonté fur moi,
& me rendez la vie,
puifque votre loi fait
mes délices.*

*Que les fuperbes foient
confondus, de ce qu'ils
m'ont perfécuté injufte-
ment : pour moi je m'oc-
cuperai de vos ordon-
nances.*

Que ceux qui vous

craignent, & qui sont instruits de vos oracles, s'unissent à moi.	mihi timentes te,* & qui novérunt testimónia tua.
Faites-moi accomplir vos préceptes avec pureté de cœur, afin que je ne sois pas couvert de confusion.	Fiat cor meum immaculátum in justificatiónibus tuis,* ut non confundar.
Gloire au Pere, &c.	Glória Patri, &c.

Premier Chapitre du Sermon de Jésus-Christ après la Cène.

Saint Jean, Chap. XIV.

QUE votre cœur ne se trouble pas : vous croyez en Dieu, croyez aussi en moi.

Il y a plusieurs demeures dans la maison de mon Pere. Si cela n'étoit, je vous l'aurois dit ; car je m'en vais vous préparer le lieu.

Et après que je m'en serai allé, & que je vous aurai préparé le lieu, je reviendrai, & je vous retirerai à moi, afin que là où je suis, vous y soyez aussi.

Vous savez bien où je vais, & vous en savez la voie.

Thomas lui dit : Seigneur, nous ne savons où vous allez ; & comment pouvons-nous en savoir la voie ?

Jésus lui dit : Je suis la voie, la vérité

& la vie : personne ne vient au Pere que par moi.

Si vous m'aviez connu, vous auriez aussi connu mon Pere ; & vous le connoîtrez bientôt, & vous l'avez déja vu.

Philippe lui dit : Seigneur, montrez-nous votre Pere, & il nous suffit.

Jésus lui répondit : Il y a si long-temps que je suis avec vous, & vous ne me connoissez pas encore ? Philippe, celui qui me voit, voit *mon* Pere. Comment *donc* dites-vous : Montrez-nous votre Pere ?

Ne croyez-vous pas que je suis dans mon Pere, & que mon Pere est en moi ? Ce que je vous dis, je ne vous le dis pas de moi-même ; mais mon Pere qui demeure en moi, fait lui-même les œuvres *que je fais.*

Ne croyez-vous pas que je suis dans mon Pere, & que mon Pere est en moi ? Croyez-le au moins, à cause des œuvres *que je fais.*

En vérité, en vérité, je vous le dis, celui qui croit en moi, fera lui-même les œuvres que je fais, & en fera encore de plus grandes, parce que je m'en vais à mon Pere.

Et quoi que vous demandiez à mon Pere en mon nom, je le ferai, afin que le Pere soit glorifié dans le Fils.

Si vous me demandez quelque chose en mon nom, je le ferai.

Si vous m'aimez, gardez mes commandements :

& je prierai mon Pere, & il vous donnera un autre Consolateur, afin qu'il demeure éternellement avec vous ;

l'Esprit de vérité, que le monde ne peut recevoir, parce qu'il ne le voit point, & qu'il ne le connoît point. Mais pour vous, vous le connoîtrez, parce qu'il demeurera avec vous, & qu'il sera en vous.

Je ne vous laisserai point orphelins : je viendrai à vous.

Encore un peu de temps, & le monde ne me verra plus. Mais pour vous, vous me verrez ; parce que je vis, & que vous vivrez aussi.

En ce jour-là, vous connoîtrez que je suis en mon Pere, & vous en moi, & moi en vous.

Celui qui a mes commandements & qui les garde, c'est celui-là qui m'aime. Or celui qui m'aime, sera aimé de mon Pere ; & je l'aimerai aussi, & je me découvrirai à lui.

Judas, non pas l'Iscariote, lui dit : Seigneur, d'où vient que vous vous découvrirez vous-même à nous, & non pas au monde ?

Jésus lui répondit : Si quelqu'un m'aime, il gardera ma parole, & mon Pere l'aimera, & nous viendrons à lui, & nous ferons en lui notre demeure.

Celui qui ne m'aime point, ne garde point mes paroles; & la parole que vous avez entendue, n'est point ma parole, mais celle de mon Pere qui m'a envoyé.

Je vous ai dit ceci demeurant encore avec vous;

mais le Consolateur, qui est le Saint-Esprit, que mon Pere enverra en mon nom, sera celui qui vous enseignera toutes choses, & qui vous fera ressouvenir de tout ce que je vous ai dit.

Je vous laisse la paix; je vous donne ma paix; je ne vous la donne pas comme le monde la donne : que votre cœur ne se trouble point, & qu'il ne soit point saisi de frayeur.

Vous avez entendu que je vous ai dit: Je m'en vais, & je reviens à vous. Si vous m'aimiez, vous vous réjouiriez de ce que je m'en vais à mon Pere; parce que mon Pere est plus grand que moi.

Et je vous le dis maintenant avant que cela arrive, afin que lorsqu'il sera arrivé, vous ayez une entiere croyance *en moi*.

Je ne vous parlerai plus guere; car le Prince du monde va venir, quoiqu'il n'ait rien en moi *qui lui appartienne* :

mais c'est afin que le monde connoisse que j'aime mon Pere, & que je fais ce que mon Pere m'a ordonné. Levez-vous, sortons d'ici.

LE MARDI AU SOIR.

MOn ame languit dans l'attente de votre secours salutaire, & j'espere en vos promesses.

Mes ieux sont languissants, à force d'attendre le secours que vous m'avez promis ; ils vous disent : Quand me consolerez-vous ?

Je suis devenu aussi sec qu'une peau exposée à la gelée ; mais je n'ai point oublié vos ordonnances.

Combien de jours reste-il encore à votre serviteur ? Quand exercerez-vous votre justice sur ceux qui me persécutent ?

Les méchants m'ont conté des fables ; & ce qu'ils disent, est bien contraire à votre loi.

DEfécit in salutáre tuum ánima mea, * & in verbum tuum supersperávi.

Defecérunt óculi mei in elóquium tuum, * dicentes : Quando consoláberis me ?

Quia factus sum sicut uter in pruína ; * justificatiónes tuas non sum oblítus.

Quot sunt dies servi tui ? * quando fácies de persequéntibus me judicium ?

Narravérunt mihi iníqui fabulatiónes ; * sed non ut lex tua.

Omnia mandáta tua, véritas : * iníquè persecúti sunt me, ádjuva me.

Paulò minùs consummavérunt me in terra ; * ego autem non derelíqui mandáta tua.

Secundùm misericórdiam tuam vivífica me, * & custódiam testimónia oris tui.

In æternum, Dómine, * verbum tuum pérmanet in cœlo.

In generatiónem & generatiónem véritas tua : * fundásti terram, & pérmanet.

Ordinatióne tuâ persevérat dies ; * quóniam ómnia sérviunt tibi.

Nisi quòd lex tua meditátio mea est, * tunc fortè

Toutes vos ordonnances sont la vérité même : les hommes me persécutent injustement, secourez-moi.

Peu s'en est fallu qu'ils ne m'aient fait périr sur la terre ; mais je n'ai point abandonné vos préceptes.

Rendez-moi la vie selon votre bonté, & je garderai les ordonnances de votre bouche.

Votre parole, Seigneur, subsiste éternellement dans le ciel.

Votre vérité passe de siecle en siecle : vous avez affermi la terre, & elle demeure inébranlable.

Les jours se suivent dans l'ordre que vous leur avez marqué ; car tout vous obéit.

Si votre loi n'avoit fait mes délices, il y a long-temps que j'aurois

succombé à mon afflic-
tion.

Je n'oublierai jamais
votre loi , parce que
c'est par elle que vous
m'avez rendu la vie.

Sauvez-moi, puisque
je suis tout à vous, &
que je ne cherche que
votre loi.

Les pécheurs m'at-
tendent pour me perdre;
mais je me suis occupé
de l'intelligence de vos
ordonnances.

J'ai reconnu que les
choses les plus parfaites
avoient des bornes; mais
l'étendue de votre loi
est infinie.

periiſſem in humi-
litáte mea.

In æternum non
obliviſcar juſtifica-
tiónes tuas ; * quia
in ipſis vivificaſti
me.

Tuus ſum ego,
ſalvum me fac ; *
quóniam juſtifica-
tiónes tuas exqui-
ſivi.

Me expectavé-
runt peccatóres, ut
pérderent me : *
teſtimónia tua in-
tellexi.

Omnis conſum-
matiónis vidi ſi-
nem : * latum man-
dátum tuum nimis.

Chapitre XIIIe du Ier Livre de l'Imitation de Jéſus-Chriſt.

De la réſiſtance aux tentations.

TANDIS que nous ſommes dans ce monde , nous ne pouvons être ſans affliction & ſans tentation. C'eſt ce qui a fait

dire à Job, que *la vie de l'homme fur la terre, eft une tentation continuelle.* (Job. 7, ℣. 1.)

Ainſi chacun devroit être continuelle-ment en garde contre les tentations aux-quelles il eft ſujet, & *être vigilant dans la priere,* (I. Petr. 5, 8.) pour ne donner au-cune priſe au *démon,* qui ne dort jamais, & qui *tourne ſans ceſſe autour de nous, cher-chant qui il pourra dévorer.*

Il n'y a point d'homme ſi parfait & ſi ſaint qu'il puiſſe être, qui ne ſoit quel-quefois éprouvé par des tentations ; & on ne peut jamais en être parfaitement exempt.

Quelque fâcheuſes & pénibles que ſoient les tentations, cependant elles ſont ſou-vent très-utiles ; parce qu'elles ſervent à humilier, à purifier & à inſtruire.

Tous les Saints ont paſſé par beaucoup de peines & de tentations, & c'eſt par cette voie qu'ils ſe ſont avancés.

Mais ceux qui n'ont pas eu aſſez de cou-rage & de force pour les ſoutenir, ont été rejettés de Dieu, & ſe ſont perdus.

Il n'y a point d'Ordre ſi ſaint & de lieu ſi retiré, où il n'y ait des peines & des ten-tations à ſouffrir.

Tant que l'homme vit, il ne peut ja-mais en être entiérement à couvert, parce que né dans la *concupiſcence,* (Jacob. 1,

13, &c. 4, 1, &c.) il porte toujours en foi la fource des tentations.

Une tentation & une peine fuccede à une autre, & nous aurons toujours quelque chofe à fouffrir, parce que nous avons perdu la félicité de notre premier état. Plufieurs en voulant éviter les tentations, y font tombés plus dangereufement.

Ce n'eft pas feulement par la fuite, que nous pouvons vaincre; c'eft la patience & une vraie humilité, qui nous rendent plus forts que tous nos ennemis.

Celui qui n'évite que l'extérieur du mal, fans en extirper la racine, n'en tire pas un grand profit; au contraire, les tentations reviendront plus promptement, & il fe trouvera plus mal qu'il n'étoit.

On furmonte plus aifément la tentation peu à peu, & par une longue patience, foutenue du fecours de Dieu, que par le chagrin & les efforts outrés d'une réfiftance opiniâtre.

Prenez fouvent confeil, lorfque vous êtes tenté. Ne traitez pas durement celui qui l'eft; mais tâchez de le confoler, comme vous fouhaiteriez que l'on vous confolât vous-même.

L'inconftance de notre efprit, & le péu de confiance que nous avons en Dieu, font la fource de nos plus dangereufes tentations.

Car, comme un vaiffeau fans gouvernail

eft

est emporté de côté & d'autre au gré des flots, de même l'homme lâche & peu ferme dans ses résolutions, est agité de tentations différentes.

Le feu éprouve le fer, & la tentation fait connoître l'homme juste. (Eccli. 31, 31. Pf. 65, 10. Prov. 17, 3, I. Cor. 3, 13. I Petr. 1, 7.)

Nous ne savons souvent ce que nous sommes, & de quoi nous sommes capables; & la tentation nous l'apprend.

Il faut cependant veiller, & sur-tout au commencement de la tentation; car il est plus aisé de vaincre l'ennemi, lorsqu'on ne lui donne aucune entrée dans l'ame, & qu'on va au-devant de lui au-dehors, pour repousser ses premieres attaques. C'est ce qui a fait dire à un ancien Poëte: (Ovid.)

Opposez-vous au mal avant qu'il s'enracine :
S'il séjourne, il rend vain l'art de la Médecine.

D'abord c'est une simple pensée qui se présente à l'esprit; c'est dans la suite une forte imagination; la délectation succede, le mouvement déréglé suit, & enfin le consentement.

Ainsi l'ennemi s'insinue peu à peu, & entre tout-à-fait dans l'ame, lorsqu'on ne lui résiste pas dès le commencement.

En effet, plus on est lent à résister, plus

on s'affoiblit de jour en jour , & plus l'ennemi devient fort & puissant.

Quelques-uns essuient les plus fortes tentations au commencement de leur conversion , d'autres à la fin ; il y en a qui en
sont tourmentés pendant toute leur vie ;
plusieurs ne sont tentés que foiblement ,
suivant les dispositions de la sagesse & de
la justice de Dieu, qui a égard à l'état , qui
pese les mérites , & qui regle tout pour
le bien & le salut de ses élus.

C'est pourquoi lorsque nous sommes tentés , nous ne devons point nous découra-
ger ; mais prier Dieu avec plus de ferveur,
afin qu'il veuille bien nous assister dans
toutes nos peines , & que, selon la parole
de S. Paul , *il nous fasse tirer avantage de
la tentation même , afin que nous puissions
persévérer.* (I. Cor. 10 , 13.)

Ainsi dans toutes nos peines & nos tentations , *humilions* (I. Petr. 5, 6.) nos ames
*sous la main toute-puissante de Dieu, parce
qu'il sauvera* & *élevera les humbles d'esprit*
(Ps. 33 , 19.) & de cœur.

C'est dans les tentations & les souffran-
ces, que l'homme s'éprouve, & voit quel
progrès il a fait. C'est alors qu'il y a plus
de mérite , & que la vertu paroît avec
plus d'éclat.

Ce n'est pas grand'chose d'être pieux
& fervent, lorsqu'on n'a rien à souffrir ;

mais on a lieu d'efpérer un grand progrès de celui qui conferve la patience dans l'adverfité.

Il y en a qui font préfervés & foutenus dans les plus grandes tentations, & qui fuccombent tous les jours aux plus légeres. Dieu le permet ainfi, afin qu'ils s'humilient, & que fe trouvant fi foibles dans les petits dangers, ils ne préfument jamais d'eux-mêmes dans les grands.

LE MERCREDI

Dans l'Octave de l'Afcenfion.

ON doit donner aujourd'hui toute fon attention au don de Science, qui eft le cinquieme des dons du Saint-Efprit.

MÉDITATION

SUR LE DON DE SCIENCE.

LA fcience eft un don qui nous fait voir le chemin qu'il faut prendre, & les dangers qu'il faut éviter pour arriver au falut.

La fcience que donne l'Efprit-Saint eft bien différente de ces connoiffances ftériles qui ornent l'efprit & deffechent le cœur; qu'on n'acquiert que par de longues études, dont on ne tire que de foibles avantages pour la vie préfente, & qui ne fervent de rien à la vie future. Ces fortes de fciences font proprement la fcience de l'homme, parce qu'elles fe bornent au temps. Un Chrétien doit afpirer à des connoiffances plus folides. Il eft pour lui une fcience que l'Ecriture appelle la fcience des Saints, qui ayant Dieu pour objet, pour principe & pour fin, commence dans le temps & fe continue dans l'éternité. C'eft l'Efprit-Saint qui la donne ; parce que c'eft à lui feul qu'il appartient d'enfeigner toute vérité : c'eft à fon école qu'une ame fidele doit affidument s'inftruire de tout ce qui fe rapporte au falut.

Si, jufqu'à préfent, nous avions eu le malheur de négliger cette étude, confidérons aujourd'hui ce qu'on gagne à prêter à l'Efprit de Dieu une oreille attentive & docile, & ce qu'on rifque à lui fermer fon efprit & fon cœur. Il nous apprend deux vérités principales, dont toutes les autres connoiffances ne font que la conféquence & la fuite ; que le ciel n'eft point inacceffible, puifque par la fcience il nous en ouvre le chemin ; que ce chemin n'eft pas fans écueil, puifque l'effet de cette fcience eft d'éclairer nos efprits fur les dangers qui peuvent arrêter nos pas dans le chemin du falut. Plus nous nous rendrons attentifs à ſes inſtructions, plus nous éprouverons la vérité de ces paroles du Prophete : Heureux l'homme, ô mon Dieu, que vous daignez inſtruire, & à qui vous enſeignez les préceptes de votre loi. Ces réflexions doivent nous conduire à examiner :

1°. Quelles ſont les connoiſſances qui, juſqu'à ce jour, ont été l'objet de notre étude.

2°. Quelles ſont celles qu'il nous importe d'acquérir à l'école de l'Eſprit-Saint.

Premiérement, Il eſt naturel à l'homme de deſirer d'apprendre, à moins qu'il ne ſoit entiérement privé de ſens & de raiſon : il cherche à étendre ſes connoiſſances : il s'aſſujettit même volontiers à quelque application & à quelque travail, pour acquérir des lumieres ſur ce qui peut l'intéreſſer. Qu'on parcoure les différents états, on reconnoîtra que les gens même les plus ſtupides & les plus groſſiers ont une ſcience qui leur eſt propre, & pour l'acquiſition de laquelle ils donnent du temps, & font des efforts. Pourquoi donc la ſcience du ſalut, la ſeule vraiment utile, la ſeule qui, en éclairant l'eſprit, puiſſe remplir ſolidement le cœur ; la ſeule qui paſſe du temps à l'éternité, qui comprend tout, ſe rapporte à tout : pourquoi cette ſcience eſt-elle la plus négligée ? pourquoi l'a-t-elle été juſqu'à préſent de notre part ? Ne devons-nous pas rougir, si, devenus par notre application, intelligents dans notre état, dans notre profession, dans notre métier, nous sommes encore stupides & ignorants dans les choses qui se rapportent à notre sanctification ? Combien de fois, pour notre avancement & pour notre fortune, n'avons-nous pas été jaloux de surpasser les autres en industrie & en talents ? Pourquoi ne sommes-nous pas animés de la même émulation, quand il s'agit d'acquérir les connoissances qui ont servi aux Saints à se rendre dignes du Royaume des cieux ? N'est-ce pas parce que rapportant tout à nous-mêmes, nous ne cherchons que nous, nous ne pensons qu'à nous, nous ne travaillons que pour nous ? Lorsque nous nous occupons de quelque science, pourvu que l'amour-propre soit flatté des applaudissements que nous attirent nos connoissances ; qu'un profit temporel soit le fruit de notre industrie, nous avons atteint le but que nous nous proposons. Aussi de quel prix est à nos ieux la science des Saints ? quelle estime faisons-nous de ce don, qui est un des plus précieux de ceux que nous réserve l'Esprit-Saint dans les trésors de sa miséricorde ? Hélas ! le mépris de cette science divine est peut-être le moindre outrage qu'on fasse dans ce siecle à cet Esprit : car combien en voit-on que de grandes lumieres, de

brillantes connoissances conduisent à blaf-
phémer ce qu'ils ignorent, & à tourner en
ridicule ceux qui s'appliquent encore à étudier leur Religion ! Et si nous n'avons pas
donné dans un si criminel abus, n'avons-
nous pas du moins préféré à la science du
salut une infinité de connoissances, ou su-
perflues, ou étrangeres ? N'avons-nous pas
tellement disposé de notre temps, qu'il ne
nous en a pu rester pour méditer, lire, ou
entendre les vérités qui pouvoient nous
instruire ? De sorte qu'à l'indifférence pour
ces vérités, a succédé le dégout ; & que ce
dégout, s'il n'est pas combattu de notre
part, nous expose à vivre & mourir dans
l'ignorance la plus dangereuse de ce qui
peut assurer notre salut.

Secondement, Que vient nous apprendre l'Esprit-Saint, pendant ces jours ? &
quel changement doit opérer en nous cette
science surnaturelle qu'il destine à l'ame
fidele ?

Saint Augustin, qui, pendant les jours
de ses égaremens, avoit donné aux sciences
étrangeres à celle du salut, une application si soutenue, avoit appris, par sa propre expérience, le vuide des connoissances
humaines. Aussi réduisoit-il désormais toutes ses études à se bien connoître, & à bien
connoître Dieu, sa derniere fin : *noverim
te, noverim me.* Dans cette double connois-

fance, ce faint Docteur renferme tout ce
qu'il importe à l'homme de favoir, & tout
ce que l'on apprend à l'école de l'Efprit-
Saint : nous connoître & connoître Dieu,
c'eft connoître toute notre Religion ; puifque tout s'y rapportant à Dieu, qui en eft
le principe, tout s'y rapporte auffi à l'homme, qui eft l'objet que Dieu s'eft propofé, &
dans les myfteres que fa grace a opérés, &
dans les dogmes que fon Verbe nous a en-
feignés. Si nous nous appliquions avec plus
de foin à acquérir cette double connoiffance, que de moyens de falut ne nous
fourniroit-elle pas ! Dieu bien connu, feroit
adoré avec plus d'humilité & de refpect,
fervi avec plus de fidélité, défiré avec plus
d'ardeur, cherché avec plus d'empreffement : l'homme bien connu de foi-même,
fentiroit mieux fon néant & fa mifere, fes
befoins & fes foibleffes, fa dignité & fes
efpérances. Dieu bien connu, auroit-on befoin de nous infpirer envers lui la recon-
noiffance & l'amour ? Ces fentiments ne
nous paroîtroient-ils pas une fuite naturelle
de tout ce qu'il a fait pour nous, & de
tout ce qu'il nous deftine ? L'homme bien
approfondi, feroit-il néceffaire de nous rappeller à la vigilance & à la priere ? Ces deux
devoirs ne nous feroient-ils pas infpirés par
le fouvenir de notre chute, l'idée de notre
fituation actuelle, & la crainte des dangers

qui nous environnent ? Mais comment l'Esprit-Saint nous donne-t-il la connoissance de Dieu & de nous-mêmes ? En fixant nos regards sur Jésus-Christ, Dieu & homme tout ensemble. Dieu, il nous dit de lui-même, dans la personne de Philippe : Qui me voit, voit aussi mon Pere. Homme, il nous montre par ses opprobres, ce que nous sommes & ce que nous avons mérité ; & par sa patience, ce que nous devons être. Aussi l'Apôtre S. Paul, d'accord avec S. Augustin, avoit-il dit avant lui qu'il vouloit borner sa science, & désiroit fixer la nôtre, à connoître Jésus, & Jésus crucifié.

D'après ces principes, convenons à notre honte, que nous ne sommes encore que des enfants, par rapport à la science du salut. A quoi se sont passées tant d'années que nous voyons déja derriere nous ? Quelles sont les différentes sortes de sciences qui ont occupé nos esprits ? Quel fruit avons-nous tiré de tant de vérités, lues ou entendues ? Quelles lumieres y avons-nous puisées pour l'affermissement de notre foi & la réforme de nos mœurs ? Pouvons-nous dire, avec l'Apôtre S. Paul, que nous sommes plus avancés que quand nous avons commencé à croire ? Ne sommes-nous pas, par notre négligence, plongés dans l'ignorance des vérités du salut ? Ou si une bonne éducation, ou quelque application donnée

de temps en temps à ces vérités, ont dif-
sipé ces ténebres, n'avons-nous pas abusé
de ces lumieres, pour nous livrer à un orgueil plus dangereux & plus difficile à dif-
siper que l'ignorance même ? Ah ! si l'Esprit-Saint nous donne aujourd'hui de sentir
le danger de ces ténebres & de cet orgueil,
cherchons la lumiere de la vérité avec sim-
plicité ; courons au seul Docteur qui peut
nous instruire ; ouvrons-lui nos cœurs par
l'humilité, & demandons-lui d'y joindre
l'attention, la docilité & la fidélité.

O divine onction ! onction sainte & spirituelle, qui, dans le Baptême, nous avez
marqués du caractere de Prêtres & de Rois,
répandez en nous cette science toute divine,
afin que nous n'attirions pas sur nous le
terrible anathême que vous nous faites entendre par la bouche de votre Prophete :
ne permettez pas que nous rejettions la
science, & que nous soyons rejettés nous-
mêmes de la participation que vous nous
avez donnée au Sacerdoce de Jésus-Christ :
dissipez les ombres du péché qui nous environnent ; arrachez de notre cœur le voile
dont l'orgueil essaie à l'aveugler ; écartez
ces nuages épais des préjugés & des passions qui nous offusquent ; & comme le
Prophete Roi, nous verrons par votre lumiere une clarté toute céleste. Nous sau-
rons ce que vous êtes à notre égard, & ce

que nous devons être pour vous ; ce que vous commandez, & ce que nous devons faire ; ce que vous promettez, & ce que nous devons attendre : vous vous communiquerez à nous dans le temps, & vous vous manifesterez à nous au jour de l'éternité.

Ainsi soit-il.

PRIERES ET LECTURES.

LE MERCREDI MATIN.

QUómodo diléxi legem tuam, Dómine ! * totá die meditátio mea est.

Super inimícos meos prudentem me fecísti mandáto tuo, * quia in æternum mihi est.

Super omnes docentes me intelléxi ; * quia testimónia tua meditátio mea est.

Super senes intellexi ; * quia mandáta tua quæsívi.

QUe j'aime votre loi, Seigneur ! elle est le sujet de mes méditations durant tout le jour.

Votre loi m'a rendu plus sage que mes ennemis ; parce que je l'ai sans cesse devant les ieux.

Je suis devenu plus intelligent que tous mes maîtres ; parce que je médite sur vos ordonnances.

Je suis devenu plus prudent que les vieillards ; parce que j'étudie vos préceptes.

F 6

Je m'éloigne de toute voie qui conduit au mal, afin d'accomplir vos ordonnances.

Je ne m'écarte point de votre loi, parce que vous me l'avez donnée pour regle.

Que vos oracles sont pour moi pleins de douceur! ils le sont plus à mon ame, que le miel ne l'est à ma bouche.

Vos préceptes me rendent intelligent : c'est pourquoi je déteste tous les détours de l'iniquité.

Votre parole est la lampe qui éclaire mes pas, & la lumiere qui luit dans les sentiers où je marche.

J'ai juré & résolu de garder les ordonnances de votre justice.

Mon affliction & ma misere est extrême : redonnez-moi la vie, Seigneur, selon votre promesse.

Agréez, Seigneur,

Ab omni via mala prohíbui pedes meos; * ut custódiam verba tua.

A judíciis tuis non declinávi, * quia tu legem posuísti mihi.

Quàm dúlcia faúcibus meis elóquia tua! * super mel ori meo.

A mandátis tuis intellexi : * proptérea odívi omnem viam iniquitátis.

Lucerna pédibus meis verbum tuum, * & lumen sémitis meis.

Jurávi & státui * custodíre judícia justítiæ tuæ.

Humiliátus sum usquequáque, Dómine : * vivífica me secundùm verbum tuum.

Voluntária oris

mei beneplácita fac, Dómine ; * & judícia tua doce me.

les sacrifices que ma bouche & mon cœur vous offrent ; enseignez-moi vos commandements.

Anima mea in mánibus meis semper, * & legem tuam non sum oblítus.

Mon ame est toujours en danger de m'être ravie ; mais je n'oublie pas votre loi.

Posuérunt peccatóres láqueum mihi ; * & de mandátis tuis non errávi.

Les méchants me tendent des pieges pour me perdre ; mais je ne m'écarte pas de vos ordonnances.

Hæreditáte acquisívi testimónia tua in æternum ; * quia exultátio cordis mei sunt.

J'ai pris vos préceptes, pour être à jamais mon partage ; parce qu'ils font la joie de mon cœur.

Inclinávi cor meum ad faciendas justificatiónes tuas in æternum, * propter retributiónem.

Tous les desirs de mon ame se portent à ne jamais m'écarter de vos ordonnances, à cause de la récompense.

Glória Patri, &c.

Gloire au Pere, &c.

Second Chapitre du Sermon de Jésus-Christ après la Cène.

Saint Jean, Chap. XV.

JE suis la vraie vigne, & mon Pere est le Vigneron.

Il retranchera toutes les branches qui ne portent point de fruit en moi; & il émondera toutes celles qui portent du fruit, afin qu'elles en portent davantage.

Vous êtes déja purs, à cause des instructions que je vous ai données.

Demeurez en moi, & moi en vous. Comme la branche ne sauroit porter de fruit d'elle-même, & sans demeurer attachée au cep de la vigne, il en est ainsi de vous autres, si vous ne demeurez en moi.

Je suis le cep de la vigne, & vous *en* êtes les branches. Celui qui demeure en moi & en qui je demeure, porte beaucoup de fruit; car vous ne pouvez rien faire sans moi.

Si quelqu'un ne demeure pas en moi, il sera jetté dehors comme un sarment inutile : il séchera, & on le ramassera pour le jetter au feu & le brûler.

Si vous demeurez en moi, & que mes paroles demeurent en vous, vous demanderez tout ce que vous voudrez, & il vous sera accordé.

C'est la gloire de mon Pere que vous rap-

portiez beaucoup de fruit, & que vous de-
veniez mes difciples.

Comme mon Pere m'a aimé, je vous ai
aufli aimés. Demeurez dans mon amour.

Si vous gardez mes commandements,
vous demeurerez dans mon amour, comme
j'ai moi-même gardé les commandements
de mon Pere, & que je demeure dans
fon amour.

Je vous ai dit ces chofes, afin que ma
joie demeure en vous, & que votre joie
foit pleine & parfaite.

Le commandement que je vous donne,
eft de vous aimer les uns les autres comme je vous ai aimés.

Perfonne ne peut avoir un plus grand
amour, que de donner fa vie pour fes amis.

Vous êtes mes amis, fi vous faites les
chofes que je vous commande.

Je ne vous appellerai plus ferviteurs,
parce que le ferviteur ne fait ce que fait
fon maître : mais je vous ai appellés mes
amis, parce que je vous ai fait favoir tout
ce que j'ai appris de mon Pere.

Ce n'eft pas vous qui m'avez choifi;
mais c'eft moi qui vous ai choifis, & je
vous ai établis afin que vous marchiez, que
vous rapportiez du fruit, & que votre fruit
demeure *toujours*, & que mon Pere vous
donne tout ce que vous lui demanderez en
mon nom.

Ce que je vous commande, eſt de vous aimer les uns les autres.

Si le monde vous hait, ſachez qu'il m'a haï avant vous.

Si vous étiez du monde, le monde aimeroit ce qui ſeroit à lui ; mais parce que vous n'êtes point du monde, & que je vous ai choiſis du milieu du monde, c'eſt pour cela que le monde vous hait.

Souvenez-vous de la parole que je vous ai dite : Le ſerviteur n'eſt pas plus grand que ſon maître. S'ils m'ont perſécuté, ils vous perſécuteront auſſi ; s'ils ont gardé mes paroles, ils garderont auſſi les vôtres.

Mais ils vous feront tous ces mauvais traitements, à cauſe de mon nom ; parce qu'ils ne connoiſſent point celui qui m'a envoyé.

Si je n'étois point venu, & que je ne leur euſſe point parlé, ils n'auroient point le péché *qu'ils ont :* mais maintenant ils n'ont point d'excuſe de leur péché.

Celui qui me hait, hait auſſi mon Pere.

Si je n'avois point fait parmi eux des œuvres qu'aucun autre n'a faites, ils n'auroient point le péché *qu'ils ont ;* mais maintenant ils les ont vues, & ils m'ont haï, & moi, & mon Pere :

afin que la parole qui eſt écrite dans leur loi, ſoit accomplie : Ils m'ont haï ſans aucun ſujet.

Mais lorsque le Consolateur, l'Esprit de vérité, qui procede du Pere, que je vous enverrai de la part de *mon* Pere, sera venu, il rendra témoignage de moi.

Et vous en rendrez aussi témoignage; parce que vous êtes dès le commencement avec moi.

LE MERCREDI AU SOIR.

INiquos ódio hábui, * & legem tuam dilexi.

Adjútor & susceptor meus es tu,* & in verbum tuum super sperávi.

Declináte à me, maligni ; * & scrutábor mandáta Dei mei.

Súscipe me secundùm elóquium tuum, & vivam ; * & non confundas me ab expectatióne mea.

Adjuva me, & salvus ero ; * & meditábor in justi-

JE hais les injustes, & j'aime votre loi.

Vous êtes mon refuge & mon protecteur ; & je mets mon espérance dans vos paroles.

Retirez-vous de moi, méchants, & j'approfondirai les préceptes de mon Dieu.

Fortifiez-moi, Seigneur, selon vos promesses, & conservez-moi la vie, afin que je ne sois pas confondu dans mon espérance.

Aidez-moi, & je serai sauvé ; & je ne m'occuperai que de la médi-

tation de vos ordonnan-
ces.

Vous rejettez avec
mépris ceux qui s'éga-
rent de vos commande-
ments ; parce que leurs
pensées sont injustes.

J'ai regardé tous les
pécheurs comme des pré-
varicateurs : c'est ce qui
fait que je m'attache de
plus en plus à votre loi.

Percez ma chair de
votre crainte, & que je
sois saisi de frayeur à
la vue de vos jugements.

J'ai gardé la justice &
l'équité : ne m'abandon-
nez pas à mes calomnia-
teurs.

Affermissez votre ser-
viteur dans le bien, &
que les superbes ne m'op-
priment point par leurs
calomnies.

Mes ieux sont lan-
guissants à force d'at-
tendre votre secours, &
l'exécution des oracles de
votre justice.

Traitez votre servi-

ficatiónibus tuis
semper.

Sprevísti omnes
discedentes à judí-
ciis tuis ; * quia in-
justa cogitátio eó-
rum.

Prævaricantes re-
putávi omnes pec-
catóres terræ : *
ideò dilexi testimó-
nia tua.

Confíge timóre
tuo carnes meas ; *
à judíciis enim tuis
tímui.

Feci judícium &
justítiam : * non
tradas me calum-
niántibus me.

Súscipe servum
tuum in bonum : *
non calumnientur
me supérbi.

Oculi mei defe-
cérunt in salutáre
tuum, * & in eló-
quium justítiæ tuæ.

Fac cum servo tuo

secúndùm miseri- | teur avec bonté, & en-
córdiam tuam, * | seignez-moi vos ordon-
& justificatiónes | nances.
tuas doce me.

Servus tuus sum | *Je suis votre servi-*
ego : * da mihi in- | *teur : donnez-moi l'in-*
telléctum, ut sciam | *telligence, afin que je*
testimónia tua. | *connoisse vos préceptes.*

Tempus facien- | *Seigneur, il est temps*
di, Dómine : * dif- | *que vous agissiez : ils ont*
sipavérunt legem | *anéanti votre loi.*
tuam.

Ideò dilexi man- | *C'est ce qui me porte*
dáta tua * super au- | *à aimer votre loi, plus*
rum & topázion. | *que l'or & les pierreries*
 | *les plus précieuses.*

Proptérea ad óm- | *C'est ce qui fait que*
nia mandáta tua di- | *je me regle en tout selon*
rigébar ; * omnem | *votre loi, & que je hais*
viam iníquam ódio | *toutes les voies de l'ini-*
hábui. | *quité.*

Glória Patri, &c. | *Gloire au Pere, &c.*

Quarante - troisieme Chapitre du troisieme
Livre de l'Imitation de Jésus-Christ.

Contre la vaine science du siecle.

JÉSUS-CHRIST.

MON fils, ne vous laissez pas toucher
par la beauté & la subtilité des difcours des hommes ; *car le Royaume de Dieu*

ne consiste pas dans les paroles, mais dans la vertu (I. Cor. 4, 20.) & l'efficace du Saint-Esprit.

Faites attention à mes paroles : elles embrasent les cœurs ; elles éclairent les esprits ; elles excitent la componction, & consolent les ames en différentes manieres.

Ne lisez jamais ma divine parole, pour paroître plus savant, ou plus sage.

Appliquez-vous à la mortification de vos passions ; elle vous sera plus utile, que la connoissance de plusieurs questions difficiles.

Après avoir beaucoup lu & beaucoup appris, il faut toujours revenir à moi, comme au seul principe de toutes les connoissances.

C'est moi qui *donne la science à tous les hommes*, & qui donne plus d'intelligence aux enfants même, que tous les hommes ne pourroient leur en communiquer.

Celui à qui je parle, sera bientôt sage, & il fera de grands progrès dans la vie de l'esprit.

Malheur à ceux qui cherchent à apprendre des hommes beaucoup de choses curieuses, & qui négligent d'apprendre la maniere de me servir.

Un jour viendra où je paroîtrai, moi qui suis le Maître des maîtres, & le Seigneur des Anges, pour entendre les leçons de tous les hommes ; c'est-à-dire, pour examiner toutes leurs consciences.

Je porterai alors la lumiere de la lampe jusques dans les lieux les plus cachés de Jérusalem. (Sophon. 1, 12.) *Je produirai dans la lumiere, ce qui est caché dans les ténebres,* (I. Cor. 4, 5.) & tous les raisonnements des hommes seront confondus.

C'est moi qui éleve en un moment un esprit humble, au point qu'il pénetre plus de secrets de la vérité éternelle, qu'un autre ne pourroit en apprendre en dix années dans les Ecoles.

C'est moi qui enseigne sans le bruit des paroles, sans le mélange des opinions, sans le faste des honneurs, sans la chaleur des disputes.

C'est moi qui apprend à méprifer les biens de la terre, & à dédaigner les chofes qui paffent; à n'avoir d'empreffement & de gout, que pour ce qui est éternel; à fuir les honneurs; à fouffrir les fcandales; à mettre toute fon efpérance en moi; à ne fouhaiter rien hors de moi; à m'aimer ardemment, plus que toutes chofes.

Il s'en est trouvé qui, en m'aimant de cette façon, ont appris des chofes toutes divines, dont ils parloient à merveille. Ils ont fait plus de progrès en renonçant à tout, qu'ils n'auroient fait en étudiant ce qu'il y a de plus fubtil.

Mais je dis aux uns des chofes communes; j'en dis aux autres de plus particulieres. Je me montre aux uns doucement, dans des signes & des figures ; je révele aux autres mes mysteres dans un plus grand jour.

Les Livres disent à tous la même chose ; mais ils ne donnent pas à tous les mêmes instructions. Car c'est moi qui enseigne au‑dedans la vérité, qui sonde les cœurs, qui connois les pensées, qui fais faire les actions, & qui distribue à chacun mes dons, comme je le juge à propos.

LE JEUDI

De l'Octave de l'Ascension.

IL faut s'occuper, pendant ce jour, du don de Piété, qui est le sixieme des dons du Saint‑Esprit.

MÉDITATION

SUR LE DON DE PIÉTÉ.

LA piété est un don qui fait que nous nous portons avec plaisir & avec facilité à tout ce qui est du service de Dieu.

Si vous connoissiez le don de Dieu, disoit Jésus‑Christ sur le bord du puits de Jacob à la femme de Samarie ; si vous saviez quel est celui qui vous dit, Donnez-

moi à boire ; vous lui eussiez déja demandé
de l'eau pour étancher votre soif. Si nous
le connoissions nous-mêmes ce don qui fait
gouter & aimer le vrai bien, qui rend
doux & léger le joug du Seigneur, qui inspire le courage de porter avec amour & avec
joie, ce que ce joug paroît avoir de triste
& de rebutant pour une ame charnelle ; si
nous connoissions cette onction intérieure
qui dédommage le vrai Chrétien de tous
les sacrifices que le Seigneur exige, & les
remplace en quelque forte par ces douceurs
cachées, mais abondantes, que Dieu ne
réserve qu'à ceux qui le cherchent, le craignent & l'aiment ; si nous sentions tout le
prix de ce don, cette connoissance exci-
teroit en nous une ardeur que nous n'é-
prouvons pas, une paix que nous ne gou-
tons pas : & c'est parce que jusqu'à ce jour
le plus grand nombre n'a connu, ni désiré,
ni demandé ce don, que les devoirs & les
exercices de notre Religion sainte ont été
les objets de leur répugnance & de leur
dégout. Ces exercices, faits la plupart sans
attrait & sans ferveur, ont été pour plusieurs sans utilité & sans fruit. Delà il est
arrivé que la liberté des enfants de Dieu,
promise dans les Livres saints, n'a paru à
plusieurs qu'une véritable servitude. Les
délices de la maison du Seigneur que gou-
toit le Prophete, n'ont paru offrir que des

amertumes : & ces sources de salut & de vie, qui sont appellées dans l'Ecriture, les fontaines du Sauveur, n'ont été, pour un très-grand nombre, qu'un principe de dépérissement & de langueur ; & pour les plus coupables une cause de mort. N'entendrions-nous pas aujourd'hui la voix de l'Esprit, qui nous crie par l'organe de son Prophete : Voyez & goutez combien le Seigneur est doux ?

Voyons-le ; & pour cela examinons :

1°. Pourquoi les exercices de la piété nous trouvent communément si languissants & si froids.

2°. Quels seroient les moyens d'y trouver de la consolation & de la joie.

Premiérement, Les exercices de la piété chrétienne, ont pour objet un Etre infiniment bon, mais invisible : un Dieu dont les souveraines perfections font la joie des Esprits bienheureux, qui le voient face à face ; mais qui habite une lumiere qui nous est inaccessible. Ajoutons que ces exercices, en nous rapprochant d'un Dieu caché, nous séparent nécessairement du monde, de nos sociétés habituelles, de nos occupations, de nos amusemens & de nos plaisirs, &, en quelque sorte, de nous-mêmes ; puisqu'ils exigent que nous renoncions à nos propres pensées, à nos volontés & à nos desirs. Ces pratiques demandent de l'application,

&

& nous sommes naturellement légers ; de l'assiduité, & l'inconstance nous plaît. Il faut que, dans ces exercices, l'esprit, le cœur & les sens soient captivés ; sans quoi nous les ferons toujours avec dissipation & avec tiédeur. Il résulte donc de cette contrainte, un combat continuel de la chair contre l'esprit, de notre volonté propre contre la volonté de Dieu. Voilà l'origine de ces distractions qui désolent les justes, & rend inutile la priere des pécheurs ; de ces dégouts qui affligent une ame fidele, & éloignent un cœur lâche & négligent : tout l'ennuie & le rebute dans la priere & dans les autres pratiques de la piété. L'uniformité des vérités qu'on y médite, ou des demandes qu'on y fait ; la gêne qu'il faut s'imposer pour remplir ces devoirs à des heures réglées ; la longueur des exercices publics auxquels l'Eglise l'appelle, tout le rebute & l'ennuie ; parce qu'il n'est pas pénétré de l'objet & de la fin de tous ces exercices. Le Prophete nous dit cependant qu'un seul jour passé aux pieds des Autels de son Dieu, lui semble préférable à des milliers de jours consacrés aux fêtes & aux assemblées des pécheurs ; & le pécheur trouve au contraire qu'une demi-heure consacrée à l'oblation du plus redoutable Sacrifice, est trop pénible & trop longue, tandis que des jours entiers donnés aux plaisirs,

G

lui paroiſſent s'écouler avec une rapidité ſurprenante. Que ce pécheur faſſe attention aux diſpoſitions qui le conduiſent dans le lieu ſaint, & à celle dont il eſt animé au milieu des aſſemblées profanes, & il reconnoîtra que c'eſt à ces diſpoſitions ſeules qu'il doit attribuer tous ſes dégouts & ſon éloignement pour la piété chrétienne. Les ames plus fideles trouveront encore dans cet examen le ſujet de quelques reproches; puiſque la foibleſſe de leur foi, de leur humilité, de leur recueillement & de leur charité eſt la cauſe habituelle du peu de gout qu'elles éprouvent, & du peu de fruit qu'elles retirent de ces exercices.

Secondement, Quels ſeroient les moyens de remédier à cette langueur? C'eſt déja en connoître le remede, que d'en découvrir la cauſe. Nous ne ſommes tiedes & languiſſants dans le ſervice de Dieu, que parce que nous ſommes toujours hors de nous-mêmes, livrés aux ſoins & aux inquiétudes, aſſervis aux créatures, peu attentifs à étudier notre miſere & nos beſoins, peu fideles à notre vocation, peu touchés de notre deſtinée future; peut-être, hélas! trop reſſemblants à cette peinture que nous fait l'Apôtre S. Paul, quand il dit, que l'homme animal ne pénetre point les choſes de Dieu. Pour les gouter, (ces choſes de Dieu) & faire avec joie tout ce

qui s'y rapporte, il faut donc devenir, selon l'expreſſion du même Apôtre, intérieur
& ſpirituel. Devenir intérieur, c'eſt-à-dire,
faire ſur ſoi-même de fréquents retours;
ſonder avec humilité & avec ſincérité ſon
cœur, ce cœur qui, ſelon le langage de
l'Ecriture, eſt un abyme; mais dans lequel
on ne deſcend pas aſſez ſouvent. La connoiſſance de ce cœur nous inſpireroit le
deſir de la priere; parce qu'elle nous en
perſuaderoit la néceſſité. Ce deſir nous en
feroit naître inſenſiblement le gout : ce gout
nous feroit ſaiſir avec avidité toutes les oc-
caſions qui peuvent nous rapprocher de
Dieu; & cette union fréquente avec Dieu
nous procureroit mille douceurs, mille conſolations, qui ſont les fruits de la piété : il
faudroit encore devenir ſpirituel, pour ſe
les aſſurer, ces fruits : & tandis que nous
rapportons tout aux ſens, que nous ne cherchons en tout que ce qui flatte notre intérêt, notre commodité, nos plaiſirs; il
faudroit au contraire rapporter à notre Religion & à notre ſalut tous les événements
qui nous arrivent, toutes les affaires qui nous
occupent, toutes les ſociétés que nous formons, & juſqu'aux amuſements mêmes que
nous croyons pouvoir nous permettre, en
ſuppoſant qu'ils ſoient innocents & réglés.
Ce ſeroit le moyen de diriger notre vie
toute entiere à la gloire de Dieu & à no-

tre sanctification, de bannir de nos entreprises cet orgueil, cette ambition, cette
cupidité qui nous dégradent, & de retrou-
ver dans nos exercices de piété cette douceur, cette onction qui les rend si con-
solants & si utiles.

Avouons donc que c'est nous-mêmes
qui, jusqu'à présent, avons appesanti le
joug doux & léger de Jésus-Christ, & en
avons fait une servitude insupportable. Confessons que nous nous sommes acquittés de
nos devoirs à l'égard de Dieu, avec une lâcheté, une négligence, une précipitation &
une inattention, que nous ne pardonnerions
pas à ceux de qui nous sommes en droit d'exi-
ger des services & des soins ; que nous
avons fait presque toutes nos prieres sans
éprouver le moindre sentiment de nos besoins ; que nous avons chanté avec l'Eglise
les divins Cantiques, sans entrer dans l'esprit de ces belles Prieres, sans même unir
notre intention à celle de cette sainte Mere,
qui prie pour nous avec Jésus-Christ ; que
quand nous avons assisté aux Instructions,
nous n'avons pensé, ni à retourner à nous-
mêmes, ni à nous faire l'application des
vérités que nous avons entendues ; que nos
Fêtes ont été célébrées de notre part, plus
par habitude, que par sentiments ; nous
ne nous y sommes pas occupés de l'objet
qu'elles offroient à notre foi. Quel plus grand

fujet de douleur encore, fi nous fondons
les difpofitions qui nous ont conduits à
l'augufte Sacrifice de nos Autels ! C'eft là où
nous aurions dû réunir tous les fentiments
qu'infpirent féparément les autres pratiques de la Religion ; & c'eft là peut-être
que nous avons été plus languiffants & plus
froids, plus diftraits & plus diffipés, plus
indévots & plus infenfibles. Comment feroit-il poffible que ces différents exercices
euffent porté la confolation & la paix dans
nos ames ; puifque nous ne les avons en-
vifagés que comme de triftes & pénibles
devoirs ? Ah ! prenons, avec le Prophete,
la réfolution de méditer affidument la loi ;
de faire de la priere notre occupation habituelle ; de repaffer dans nos efprits les
miféricordes du Seigneur ; d'étudier fes
deffeins, & de préférer toujours cette méditation & cette étude aux frivoles objets qui
nous occupent, ou nous diffipent : & nous
comprendrons comme lui que cette loi eft
fur notre langue & dans notre bouche plus
douce que le miel le plus exquis ; entre nos
mains, plus précieufe que l'or & le topa-
ze ; dans nos humiliations & dans nos peines, plus confolante que les vains raifon-
nements d'une fageffe toute humaine ; &,
pour notre bonheur, plus certaine que ces
ombres de plaifirs, ces phantômes de félici-
tés que le monde préfente à fes adorateurs.

G 3

O piété, aimable vertu, don précieux du Dieu de charité, qu'il nous soit donné de vous connoître & de vous goûter! Vous êtes la grace la plus excellente de l'esprit d'amour. Bannissez de nos cœurs tous ces gouts profanes, qui les séduisent & qui les trompent. Que l'amour du monde & de ses fausses joies n'affadissent plus nos ames; que ces ames, comme celle de votre Prophete, s'étendent, se dilatent, en méditant votre loi : que nos cœurs, en votre présence, au moment de la priere, se fondent & s'écoulent comme la cire. Quoi! vous m'invitez dès ici-bas aux délices de l'éternité, & je leur préférerois des amusemens puériles! Vous daignez converser avec moi, & je détournerois mes oreilles pour les prêter à des fables & à des mensonges! Non, Seigneur, vous ne le permettrez pas ; vous détournerez mes ieux de la vanité; vous instruirez mon cœur de vos préceptes; vous produirez en moi des gémissemens ineffables ; vous adoucirez, par l'onction de votre grace, mes amertumes les plus cuisantes ; vous soutiendrez mon ame par les plus solides espérances en vos promesses. O douce & sainte piété, soyez mes plus cheres délices ici-bas ; vous qui devez me combler de l'abondance de vos biens dans l'éternité. Ainsi soit-il.

PRIERES ET LECTURES.

LE JEUDI MATIN.

Mirabília testimónia tua; * ídeò scrutáta est ea ánima mea.

Declarátio sermónum tuórum illúminat, * & intellectum dat párvulis.

Os meum apérui, & attraxi spíritum; * quia mandáta tua desiderábam.

Aspice in me, & miserére mei, * secundùm judícium diligéntium nomen tuum.

Gressus meos dírige secundùm elóquium tuum; * & non dominétur meî omnis injustítia.

Rédime me à

Vos ordonnances sont admirables ; c'est ce qui porte mon ame à les méditer.

L'explication de votre loi porte la lumiere dans les cœurs, & donne l'intelligence aux petits.

Pressé du desir & de l'amour de votre loi, je soupire sans cesse après le bonheur de l'accomplir.

Jettez sur moi des regards de miséricorde, selon que vous avez coutume de faire envers ceux qui aiment votre nom.

Réglez mes pas sur votre loi, & qu'aucune iniquité ne domine en moi.

Délivrez-moi des ca-

G 4

lomnies des hommes, afin que je garde vos commandements.

Faites luire sur votre serviteur la lumiere de votre visage, & enseignez-moi vos ordonnances.

Mes infidélités dans l'observation de votre loi, me font verser des torrents de larmes.

Vous êtes juste, Seigneur, & vos arrêts sont équitables.

Vos commandements sont la justice & la vérité même; & c'est avec raison que vous en ordonnez l'observation.

Mon zele me fait sécher de douleur, de ce que mes ennemis ont oublié vos paroles.

Votre parole est pure comme l'or qui a passé par le feu; c'est pourquoi votre serviteur l'aime.

calúmniis hóminum, * ut custódiam mandáta tua.

Fáciem tuam illúmina super servum tuum, * & doce me justificatiónes tuas.

Exitus aquárum deduxérunt óculi mei; * quia non custodiérunt legem tuam.

Justus es, Dómine, * & rectum judícium tuum.

Mandasti justítiam testimónia tua, * & veritátem tuam nimis.

Tabéscere me fecit zelus meus; * quia oblíti sunt verba tua inimíci mei.

Ignítum elóquium tuum vehementer; * & servus tuus dilexit illud.

Adolefcéntulus fum ego, & contémptus : * juftificatiónes tuas non fum oblítus.

Je fuis jeune & mé- prifé ; néanmoins je n'oublie pas vos précep- tes.

Juftítia tua, juf- títia in æternum ; * & lex tua véritas.

Votre juftice eft la juftice éternelle ; & vo- tre loi eft la vérité même.

Tribulátio & an- gúftia invenérunt me : * mandáta tua meditátio mea eft.

L'affliction & l'amer- tume font venues fondre fur moi ; mais vos ora- cles font l'objet de mes méditations.

Æquitas tefti- mónia tua in æter- num : * intellec- tum da mihi, & vi- vam.

Vos commandements font la juftice éternelle : donnez - m'en l'intelli- gence , & je vivrai.

Glória Patri , &c.

Gloire au Pere , &c

Troifieme Chapitre du Sermon de Jéfus-Chrift après la Cêne.

Saint Jean ; Chap. XVI.

JE vous ai dit ces chofes, afin que vous n'en foyez point fcandalifés.

Ils vous chafferont des Synagogues ; & le temps vient que quiconque vous fera mou- rir , croira faire une chofe agréable à Dieu.

Ils vous traiteront de la forte , parce

qu'ils ne connoiſſent, ni mon Pere, ni moi.

Or je vous ai dit ces choſes, afin que lorſque ce temps-là ſera venu, vous vous ſouveniez que je vous les ai dites.

Je ne vous les ai pas dites dès le commencement, parce que j'étois avec vous. Mais maintenant je m'en vais à celui qui m'a envoyé, & aucun de vous ne me demande où je vais.

Mais parce que je vous ai dit ces choſes, votre cœur a été rempli de triſteſſe.

Cependant je vous dis la vérité : il vous eſt utile que je m'en aille ; car ſi je ne m'en vais point, le Conſolateur ne viendra pas à vous ; mais ſi je m'en vais, je vous l'enverrai.

Et lorſqu'il ſera venu, il convaincra le monde touchant le péché, touchant la juſtice & touchant le jugement :

touchant le péché, parce qu'ils n'ont pas cru en moi :

touchant la juſtice, parce que je m'en vais à mon Pere, & que vous ne me verrez plus ;

& touchant le jugement, parce que le prince de ce monde eſt déja jugé.

J'ai encore beaucoup de choſes à vous dire ; mais vous ne pouvez les porter préſentement.

Quand cet Eſprit de vérité ſera venu, il

vous enseignera toute vérité ; car il ne parlera pas de lui-même, mais il dira tout ce qu'il aura entendu , & il vous annoncera les choses à venir.

Il me glorifiera, parce qu'il recevra de ce qui est à moi, & il vous l'annoncera.

Tout ce qu'a mon Pere est à moi ; c'est pourquoi je vous dis qu'il recevra de ce qui est à moi, & il vous l'annoncera.

Encore un peu de temps , & vous ne me verrez plus ; & encore un peu de temps, & vous me verrez, parce que je m'en vais à mon Pere.

Sur cela quelques-uns de ses Disciples se dirent les uns aux autres : Que veut-il nous dire par-là : Encore un peu de temps , & vous ne me verrez plus ; & encore un peu de temps, & vous me verrez, parce que je m'en vais à mon Pere?

Ils disoient donc : Que signifie ce qu'il dit : Encore un peu de temps? Nous ne savons ce qu'il veut dire.

Mais Jésus connoissant qu'ils vouloient l'interroger là-dessus, il leur dit : Vous vous demandez les uns aux autres ce que je vous ai voulu dire, par ces paroles : Encore un peu de temps, & vous ne me verrez plus ; & encore un peu de temps, & vous me verrez.

En vérité, en vérité, je vous le dis : vous pleurerez & vous gémirez, & le monde se réjouira : vous ferez dans la triftefe ; mais votre triftefe fe changera en joie.

Une femme lorfqu'elle enfante, eft dans la douleur, parce que fon heure eft venue ; mais après qu'elle a enfanté un fils, elle ne fe fouvient plus de tous fes maux, dans la joie qu'elle a d'avoir mis un homme au monde.

C'eft donc ainfi que vous êtes mainte-nant dans la triftefe ; mais je vous verrai de nouveau, & votre cœur fe réjouira, & perfonne ne vous ravira votre joie.

En ce jour-là vous ne m'interrogerez plus de rien. En vérité, en vérité, je vous le dis : fi vous demandez quelque chofe à mon Pere en mon nom, il vous le donnera.

Jufqu'ici vous n'avez rien demandé en mon nom : demandez, & vous recevrez, afin que votre joie foit pleine & parfaite.

Je vous ai dit ces chofes en paraboles. L'heure vient en laquelle je ne vous en-tretiendrai plus en paraboles ; mais je vous parlerai ouvertement de mon Pere.

En ce jour-là vous demanderez en mon nom ; & je ne vous dis pas que je prierai mon Pere pour vous :

Car mon Pere vous aime lui-même, parce que vous m'avez aimé, & que vous avez cru que je fuis forti de Dieu.

Je fuis forti de mon Pere, & je fuis venu dans le monde : maintenant je laiffe le monde, & je m'en retourne à mon Pere.

Ses Diſciples lui dirent : Vous parlez dès maintenant tout ouvertement, & vous n'uſez d'aucunes paraboles.

Nous voyons bien à préſent que vous ſavez toutes choſes, & que vous n'avez pas beſoin que perſonne vous interroge : c'eſt pour cela que nous croyons que vous êtes ſorti de Dieu.

Jéſus leur répondit : Vous croyez maintenant.

Le temps va venir, & il eſt déja venu que vous ſerez diſperſés chacun de ſon côté, & que vous me laiſſerez ſeul ; mais je ne ſuis pas ſeul, parce que mon Pere eſt avec moi.

Je vous ai dit ces choſes, afin que vous trouviez la paix en moi. Vous aurez à ſouffrir bien des afflictions dans le monde ; mais ayez confiance, j'ai vaincu le monde.

LE JEUDI AU SOIR.

CLamávi in toto corde meo ; exaudi me, Dómine ; * juſtificatiónes tuas requíram.

Clamávi ad te, ſalvum me fac ; *

SEigneur, je crie vers vous de tout mon cœur ; exaucez-moi, & je ne m'occuperai que de vos ordonnances.

Je crie vers vous ; ſauvez-moi, afin que

je garde vos commandements.

Je préviens le lever de l'aurore pour vous adresser mes prieres & mes cris ; parce que je mets toutes mes espérances en vos promesses.

Mes ieux préviennent les sentinelles qui veillent avant le jour, afin de méditer votre loi.

Seigneur, écoutez ma voix selon votre miséricorde : rendez - moi la vie selon votre équité.

Ceux qui me persécutent, se sont approchés de l'iniquité, & ils se sont éloignés de votre loi.

Mais, Seigneur, vous êtes près de moi, & toutes vos voies sont la vérité même.

J'ai reconnu, dès le commencement, que vos ordonnances doivent durer jusques dans l'éternité.

ut custódiam mandáta tua.

Prævéni in maturitáte, & clamávi ; * quia in verba tua supersperávi.

Prævenérunt óculi mei ad te dilúculo ; * ut meditárer elóquia tua.

Vocem meam audi secundùm misericórdiam tuam, Dómine ; * & secundùm judícium tuum vivífica me.

Appropinquavérunt persequentes me iniquitáti ; * à lege autem tua longè facti sunt.

Propè es tu, Dómine ; * & omnes viæ tuæ véritas.

Inítio cognóvi de testimóniis tuis ; * quia in æternum fundásti ea.

Vide humilitátem meam, & éripe me; * quia legem tuam non sum oblítus.

Regardez mon affliction, & me délivrez, puisque je n'ai point oublié votre loi.

Júdica judícium meum, & rédime me : * propter elóquium tuum vivífica me.

Soutenez ma cause, & sauvez-moi : rendez-moi la vie selon vos promesses.

Longè à peccatóribus salus ; * quia justificatiónes tuas non exquisiérunt.

Le salut est loin des méchants ; parce qu'ils ne recherchent pas vos ordonnances.

Misericórdiæ tuæ multæ, Dómine : * secundùm judícium tuum vivífica me.

Seigneur, vos miséricordes sont infinies : rendez-moi la vie selon vos promesses.

Multi qui persequuntur me, & tríbulant me : * à testimóniis tuis non declinávi.

Le nombre de mes persécuteurs & de mes ennemis est grand ; mais je ne me suis point écarté de vos préceptes.

Vidi prævaricantes, & tabescébam ; * quia elóquia tua non custodiérunt.

Quand je regarde les violateurs de votre loi, je seche de douleur de ce qu'ils n'observent pas vos ordonnances.

Vide quóniam

Considérez, Seigneur,

que j'aime vos comman-
demens : faites-moi vi-
vre par un effet de votre
bonté.

mandáta tua dile-
xi, Dómine : * in
miſericórdia tua
vivífica me.

Votre parole a tou-
jours été véritable, &
tous les décrets de votre
juſtice ſubſiſteront à ja-
mais.

Princípium ver-
bórum tuórum vé-
ritas : * in æter-
num ómnia judícia
juſtítiæ tuæ.

Gloire au Pere, &c.

Glória Patri, &c.

Chapitre X^{e.} du troiſieme Livre de l'Imitation
de Jéſus-Chriſt.

Qu'il eſt doux de ſervir Dieu en mépriſant le monde.

LE FIDELE.

JE parlerai encore, Seigneur, je ne de-
meurerai point dans le ſilence, je dirai
en ſecret à mon Dieu, mon Seigneur &
mon Roi, qui eſt dans le ciel : *O combien*
ſont grandes & abondantes ces douceurs &
ces conſolations que vous avez réſervées à
ceux qui vous craignent ! (Pſ. 30, 23.)
Mais qu'êtes-vous à ceux qui vous aiment,
à ceux qui vous ſervent de tout leur cœur !

Oui, Seigneur, les délices que vous faites gouter dans la contemplation à ceux
qui vous aiment, ſont vraiment ineffables.

Les marques les plus éclatantes que vous

m'ayez données de votre excessive charité, font de m'avoir donné l'être que je n'avois point, de m'avoir rappellé à votre service, lorsque je m'égarois loin de vous, & de m'avoir fait un commandement de vous aimer.

O source d'un amour éternel, que dirai-je de vous ?

Comment pourrai-je vous oublier jamais, vous qui avez daigné vous souvenir de moi, lorsque j'étois tombé dans la corruption & dans la mort ?

Vous avez fait miséricorde à votre serviteur, (Pf. 118, 65.) au-delà de tout ce qu'il pouvoit espérer, & vous l'avez honoré de votre grace & de votre amitié, au-delà de tous ses mérites.

Que vous rendrai-je pour cette faveur ? Car il n'est pas donné à tous de tout quitter, de renoncer au monde, & d'embrasser la vie religieuse.

Fais-je beaucoup en vous servant, vous que toutes les créatures sont obligées de servir ?

Je ne dois pas regarder comme quelque chose de bien considérable que je vous serve : mais ce qui doit me paroître vraiment grand & admirable, c'est qu'étant aussi pauvre & aussi indigne que je suis, vous ayez bien voulu me recevoir à votre service & m'associer à vos plus chers serviteurs.

Tout ce que j'ai eſt à vous ; & le ſervice même que je vous rends, eſt un don que vous me faites.

Et cependant au contraire, c'eſt vous qui me ſervez plus que je ne vous ſers.

Voilà le ciel & la terre que vous avez créés pour le ſervice de l'homme ; ils ſont prêts à vous obéir, & ils font chaque jour ce que vous leur avez commandé.

Vous avez fait plus, vous avez deſtiné les Anges à ſervir l'homme ; & ce qui eſt infiniment au-deſſus de tout cela, vous avez daigné vous aſſujettir vous-même à ſon ſervice, & vous avez promis de vous donner tout entier à lui.

Que vous rendrai-je pour ce nombre infini de bienfaits ! Que ne puis-je vous ſervir tous les jours de ma vie ! que ne ſuis-je du moins en état de vous ſervir un ſeul jour d'une maniere digne de vous !

Oui, Seigneur, vous êtes véritablement digne de toutes ſortes de ſervices, de toutes ſortes d'honneurs & d'une louange éternelle.

Vous êtes véritablement mon Seigneur, & moi votre chétif eſclave, qui ſuis obligé de vous ſervir de toutes mes forces, & ne me laſſer jamais de vous louer.

Je le veux, je le deſire : ayez la bonté de ſuppléer vous-même à ce qui me manque.

C'eſt un grand honneur, c'eſt une grande

gloire d'être à votre fervice, & de méprifer tout pour vous.

Car vous comblerez de graces ceux qui
fe confacrent de bon cœur à votre bienheureufe fervitude.

Ceux qui auront renoncé pour votre
amour à tous les plaifirs de la chair & des
fens, feront remplis des plus douces con-
folations de votre Efprit-Saint, & ceux qui,
pour la gloire de votre nom, feront entrés
dans la voie étroite, & fe feront débar-
raffés de tous les foins du fiecle, jouiront
d'une grande liberté d'efprit.

O agréable, douce & divine fervitude,
qui rend l'homme véritablement libre &
faint !

O facrée profeffion de la vie religieufe,
qui rend l'homme égal aux Anges, agréable à Dieu, terrible aux démons & ref-
pectable à tous les Fideles !

O fervitude, digne de notre amour &
de nos defirs, qui nous fait mériter le fouverain bien, & nous procure une joie qui ne
finira point !

LE VENDREDI

Après l'Octave de l'Ascension.

CE jour est destiné à nous pénétrer de la crainte salutaire du Seigneur, qui est le septieme des dons du Saint-Esprit.

MÉDITATION

SUR LE DON DE LA CRAINTE DE DIEU.

LE don de la crainte de Dieu nous inspire pour lui un respect mêlé d'amour, qui nous fait appréhender de lui déplaire.

Ce don est placé le dernier de tous, parce qu'il est une suite nécessaire de tous les autres dons : il est le fruit de cette sagesse qui nous détache du monde, dont elle nous découvre les dangers, & nous attache à Dieu, dont elle nous fait connoître les droits sur nous. Il est l'effet de cette intelligence qui, en nous éclairant sur les mysteres & sur les vérités du salut, nous apprend à adorer dans un saint tremblement celui qui est l'objet de tous nos dogmes & à redouter sa justice, si nous nous écartons des regles qu'il nous prescrit. La crainte nous est inspirée par cet Esprit de conseil, qui conduit nos pas au travers des écueils & des tentations de la vie présente; par cet Esprit de force, qui, en nous inspirant l'humilité, nous éloigne de la présomption qui détourne le secours de Dieu, & nous pénetre d'une juste confiance qui l'attire. La crainte est éclairée par cette science divine qui dirige nos pas vers l'unique terme de notre bonheur, en nous détournant des voies qui ne conduisent qu'à une fausse félicité. Elle est adoucie, cette crainte, par les attraits sensibles de la piété qui, en nous appliquant aux jugements & aux miséricordes du Seigneur, nous le fait moins redouter comme un juge, qu'aimer comme un pere. Il nous importe donc d'étudier avec attention :

1°. Quels sont les caractères de la crainte du Seigneur.

2°. Quels sont les moyens dont nous devons nous servir pour nous en pénétrer.

Premiérement, Quels sont les caractères de la crainte du Seigneur? Ne confondons point cette crainte avec cette frayeur stérile, qui pénetre le cœur de l'impie sans lui faire former la moindre résolution de quitter le péché. Distinguons - la même de cette crainte toujours bonne, toujours utile, qui commence la conversion du pécheur, & annonce, selon la pensée de S. Augustin, que l'Esprit-Saint le touche, l'excite; mais ne le sanctifie pas encore par sa pré-

fence : *Non quidem habitantis, sed moventis.*
La premiere est la crainte des esclaves, que
le châtiment épouvante : la seconde est le
caractere d'un enfant coupable, qui ne sent
point encore tout ce qu'il doit au meilleur
des Peres. Le don que nous sollicitons pendant ces jours, & que l'Esprit-Saint produit dans une ame fidele, consiste dans une
vive appréhension de rien faire qui puisse
blesser un Dieu si saint, si juste, si miséricordieux : cette crainte nous peint le péché
sous des couleurs qui nous le rendent odieux,
& nous présente les bontés de Dieu pour
nous, sous des traits propres à nous le faire
aimer. Ce contraste frappant de la laideur
du péché & de la bonté du Seigneur, de
l'ingratitude du pécheur & de la clémence
de son Dieu, fait sur une ame docile les
plus salutaires impressions : elle le détourne
de tout mal, & lui inspire l'amour de tout
bien. Cette crainte, vraiment filiale, l'accompagne dans toutes ses démarches : elle
préside à ses prieres, & lui inspire l'attention & le respect ; elle dirige ses actions,
& le tient dans la vigilance ; elle influe sur
ses conversations, & en retranche tout ce
qui peut blesser la charité, ou la justice ;
elle sanctifie jusqu'à ses délassements, en
les resserrant dans les bornes les plus étroi-
tes de la décence & de la sagesse ; elle veille
sur lui pendant son sommeil, & écarte les

prestiges dont l'ennemi se sert pour troubler son imagination : cette crainte, toujours unie à la charité, rend inébranlable celui qui la possede. Aussi le Prophete Roi appelle heureux celui qui craint le Seigneur, parce qu'il marche à grands pas dans la voie des commandements ; parce qu'il est vraiment puissant sur la terre, où aucun ennemi ne peut le renverser ; parce qu'il possede l'innocence, la vraie richesse, & avec elle une source de bénédictions ; parce qu'il est à l'abri de ces craintes insensées qui agitent les pécheurs. Rendons-nous attentifs à tous ces caracteres, & nous comprendrons les effets que cette disposition doit produire dans nos cœurs.

Secondement, Quels moyens devons-nous employer pour nous pénétrer de cette crainte ? Si quelqu'un manque de la sagesse, dit l'Apôtre St. Jacques, qu'il la demande à Dieu, qui peut seul la communiquer à tous avec abondance. La crainte ayant le même principe, c'est à l'Esprit qui la donne qu'il faut la demander : mais cet Esprit a promis ce don à des conditions qu'il a imposées lui-même, & qui toutes tendent à nous faire haïr le péché, à nous faire éviter le péché, à nous faire réparer le péché : haïr le péché, parce qu'il nous rend les ennemis de Dieu, redevables à sa justice, ingrats envers sa miséricorde, indignes de

lui être unis pendant toute l'éternité ; &
c'est pour cela que ce même Esprit nous
ordonne de penser souvent à notre fin derniere, afin de conserver toujours de l'horreur pour le péché : *Memorare noviſſima
tua, & in æternum non peccabis.* Eviter le
péché ; veiller, par conséquent, ſur nos
penſées, ſur nos paroles, ſur nos actions ;
nous tenir en garde contre tous les pieges
de l'ennemi. Auſſi l'Eſprit-Saint met-il encore au nombre de nos obligations celle
de préparer notre ame avant la tentation.
Réparer le péché, c'eſt-à-dire, ne pas voir
avec indifférence les plaies qu'il fait à notre ame, quelque légeres qu'elles nous paroiſſent ; y porter promptement le remede
de la componction & de la pénitence, de
la correction & de la réforme, ſuivant cet
autre précepte de l'Eſprit de Dieu, qui
s'adreſſe auſſi-bien au juſte' qu'au pécheur :
Ne tardez point à vous convertir ; ne différez pas de jour en jour : *Ne differas de
die in diem.* De cette horreur pour le péché, naîtra une ſainte & vive inquiétude de n'être pas aſſez fideles à la volonté
de Dieu, aſſez pénétrés de ſes graces, aſſez
dociles à ſa parole, aſſez embraſés de ſon
amour, aſſez ardents à le poſſéder. Voilà
la crainte des juſtes, ce don du Saint-Eſprit, qui, bien loin d'exclure la confiance
& la charité, en eſt l'aliment & la baſe,

ſuivant

ſuivant cette parole du Sage, (*Eccli. 6, 2.*) qui fait marcher la lumiere, l'aſſurance & la paix d'un pas égal, avec la crainte du Seigneur.

Sondons nos cœurs : avons-nous reſſenti les effets de cette utile diſpoſition ? La crainte du Seigneur, que le Prophete appelle le commencement de la ſageſſe, a-t-elle pour nous un principe de ſalut & de vie ? Notre cœur n'a-t-il pas ſouvent paſſé d'une crainte exceſſive, à une ſécurité dangereuſe ? Frappés quelquefois par les vives peintures qu'on nous a faites de la mort & de ſes ſuites, du jugement & de ſon appareil redoutable, de l'enfer & de ſes éternels tourments, ne nous ſommes-nous pas livrés à de ſtériles agitations ; ſemblables à ces pécheurs dont parle le Prophete, qui s'abandonnent à de vaines frayeurs qui n'operent point leur changement ? Mais avons-nous profité de ces vérités terribles, pour combattre nos habitudes, rompre toutes liaiſons dangereuſes, & recourir par la priere à la miſéricorde du Seigneur ? Si nos craintes n'ont pas produit en nous ces ſalutaires effets, avouons que c'eſt parce que nous avons réſiſté à l'Eſprit-Saint, qui, en perçant nos chairs, vouloit pénétrer juſqu'à nos cœurs. Prenons ſous ſes ieux la réſolution de haïr le péché, non-ſeulement comme une plaie funeſte, mais comme un

H

outrage qui offense le plus tendre des peres & le plus aimable des maîtres : opé-
rons notre salut avec crainte & tremblement ; & sollicitons la miséricorde & la
grace, avec humilité & avec confiance.

Oserai-je encore vous adresser ma priere, Esprit-Saint ? Seriez-vous pour les enfants de la nouvelle alliance, comme vous
le futes autrefois pour Israël, un Esprit de
terreur & de crainte ? Verrai-je encore dans
quelques jours la montagne de Sion envi-
ronnée de tonnerres & d'éclairs ? Non, Seigneur, un vent impétueux, une forte se-
cousse, des langues de feu m'annonceront
à la vérité le Dieu terrible, qui peut perdre les pécheurs ; le Dieu puissant, qui doit
accabler les impies du poids de sa colere ;
le Dieu trois fois saint, qui hait l'iniquité,
& la punit par des châtiments éternels.
Mais l'onction de votre grace, mais la douceur de vos paroles, mais la beauté de
cette loi que vous venez graver dans nos
cœurs, nous fera sentir la présence du Dieu
de charité. O divin amour, embrasez nos
ames ! que l'ardeur de nos passions s'a-
mortisse & s'éteigne ! Consumez en nous
tout ce qui peut vous déplaire. Apprenez-
nous à ne craindre que vous, à ne servir
que vous, à n'aimer que ce qui peut nous
unir à vous, maintenant & dans tous les
siecles des siecles. Ainsi soit-il.

PRIERES ET LECTURES.

LE VENDREDI MATIN.

PRíncipes persecúti funt me gratis; * & à verbis tuis formidávit cor meum.

Lætábor ego fuper elóquia tua, * ficut qui invénit fpólia multa.

Iniquitátem ódio hábui, & abominátus fum ; * legem autem tuam dilexi.

Sépties in die laudem dixi tibi ,* fuper judícia juftítiæ tuæ.

Pax multa diligéntibus legem tuam; * & non eft illis fcándalum.

Expectábam falutáre tuum, Dó-

LES Princes m'ont perfécuté injuftement ; mais mon cœur n'a d'autre crainte que de manquer à votre loi.

Je me réjouis de vos oracles, comme un homme qui a trouvé de riches dépouilles.

Je hais l'iniquité, & je l'ai en horreur ; mais j'aime votre loi.

Sept fois le jour je vous offre des louanges, à cause de l'équité de vos jugements.

Ceux qui aiment votre loi, jouiffent d'une paix profonde ; & ils ne trouvent rien qui puiffe les faire tomber.

J'attends, Seigneur, le falut qui vient de

vous, & j'aime votre loi.

Je garde vos comman-dements, & je les aime de tout mon cœur.

J'observe vos loix & vos ordonnances, parce que toutes mes démar-ches sont exposées à vos ieux.

Que mes cris montent jusqu'à vous, Seigneur: donnez-moi l'intelligen-ce selon votre parole.

Que ma priere péne-tre jusqu'à vous, & dé-livrez-moi selon vos pro-messes.

Mes levres annonce-ront vos louanges, lors-que vous m'aurez enfei-gné vos ordonnances.

Ma langue publiera vos oracles; parce que tous vos commande-ments sont la justice même.

mine, * & mandáta tua dilexi.

Custodívit ánima mea testimónia tua, * & dilexit ea vehementer.

Servávi mandáta tua, & testimónia tua; * quia omnes viæ meæ in conspectu tuo.

Appropinquet deprecátio mea in conspectu tuo, Dómine : * juxta elóquium tuum da mihi intellectum.

Intret postulátio mea in conspectu tuo : * secundùm elóquium tuum éripe me.

Eructábunt lábia mea hymnum, * cùm docúeris me justificatiónes tuas.

Pronuntiábit lingua mea elóquium tuum; * quia ómnia mandáta tua æquitas.

Fiat manus tua ut salvet me; * quóniam mandáta tua elégi.

Tendez-moi la main pour me sauver, puisque j'ai choisi vos commandements pour mon partage.

Concupívi salutáre tuum, Dómine ; * & lex tua meditátio mea est.

Seigneur, j'attends avec un extrême désir votre grace salutaire ; & votre loi est l'objet de mes méditations.

Vivet ánima mea, & laudábit te : * & judícia tua adjuvábunt me.

Mon ame vivra, & elle vous louera : vos jugements seront mon appui.

Errávi sicut ovis quæ périit : * quære servum tuum, quia mandáta tua non sum oblítus.

J'ai été dans l'égarement comme une brebis perdue : cherchez votre serviteur, puisque je n'ai point oublié votre loi.

Glória Patri, &c.

Gloire au Pere, &c.

Priere de Jésus-Christ après la Cêne.

Saint Jean, Chap. XVII.

JÉsus ayant dit ces choses, leva les ieux au ciel, & dit : *Mon* Pere, l'heure est venue : glorifiez votre Fils, afin que votre Fils vous glorifie ;

comme vous lui avez donné puissance sur tous les hommes, afin qu'il donne la vie éternelle à tous ceux que vous lui avez donnés.

Or la vie éternelle confiste à vous connoître, vous qui êtes le seul Dieu véritable, & Jéfus - Chrift que vous avez envoyé.

Je vous ai glorifié fur la terre; j'ai achevé l'ouvrage dont vous m'aviez chargé.

Et vous, mon Pere, glorifiez-moi donc aufli maintenant en vous-même, de cette gloire que j'ai eue en vous avant que le monde fût.

J'ai fait connoître votre nom aux hommes que vous m'avez donnés, en les féparant du monde. Ils étoient à vous, & vous me les avez donnés, & ils ont gardé votre parole.

Ils favent préfentement que tout ce que vous m'avez donné vient de vous.

Parce que je leur ai donné les paroles que vous m'avez données, & ils les ont reçues : ils ont reconnu véritablement que je fuis forti de vous, & ils ont cru que vous m'avez envoyé.

C'eft pour eux que je prie. Je ne prie point pour le monde; mais pour ceux que vous m'avez donnés, parce qu'ils font à vous.

Tout ce qui eft à moi, eft à vous; & tout ce qui eft à vous, eft à moi; & je fuis glorifié en eux.

Je ne suis plus dans le monde; mais pour eux, ils sont encore dans le monde, & moi je m'en retourne à vous. Pere saint, conservez en votre nom ceux que vous m'avez donnés, afin qu'ils soient un comme nous.

Lorsque j'étois avec eux, je les conservois en votre nom. J'ai conservé ceux que vous m'avez donnés, & nul d'eux ne s'est perdu; il n'y a eu de perdu que celui qui étoit enfant de perdition, afin que l'Ecriture fût accomplie.

Mais maintenant je viens à vous; & je dis ceci étant encore dans le monde, afin qu'ils aient en eux la plénitude de ma joie.

Je leur ai donné votre parole, & le monde les a haïs; parce qu'ils ne sont point du monde, comme je ne suis point moi-même du monde.

Je ne vous prie pas de les ôter du monde, mais de les garder du mal.

Ils ne sont point du monde, comme je ne suis point moi-même du monde.

Sanctifiez-les dans la vérité. Votre parole est la vérité *même*.

Comme vous m'avez envoyé dans le monde, je les ai aussi envoyés dans le monde;

& je me sanctifie moi-même pour eux, afin qu'ils soient aussi sanctifiés dans la vérité.

Je ne prie pas pour eux seulement; mais

encore pour ceux qui doivent croire en moi par leur parole ;

afin qu'ils ſoient un tous enſemble, comme vous, mon Pere, vous êtes en moi, & moi en vous, qu'ils ſoient de même un en nous, afin que le monde croie que vous m'avez envoyé.

Et je leur ai donné la gloire que vous m'avez donnée, afin qu'ils ſoient un comme nous ſommes un.

Je ſuis en eux, & vous en moi, afin qu'ils ſoient conſommés en l'unité, & que le monde connoiſſe que vous m'avez envoyé, & que vous les avez aimés comme vous m'avez aimé.

Mon Pere, je deſire que là où je ſuis, ceux que vous m'avez donnés, y ſoient auſſi avec moi ; afin qu'ils contemplent ma gloire que vous m'avez donnée, parce que vous m'avez aimé avant la création du monde.

Pere juſte, le monde ne vous a point connu ; mais moi je vous ai connu ; & ceux-ci ont connu que vous m'avez envoyé.

Je leur ai fait connoître votre nom, & le leur ferai connoître *encore* ; afin que l'amour dont vous m'avez aimé ſoit en eux, & *que je ſois* moi-*même* en eux.

LE VENDREDI AU SOIR.

Quatorzieme Chapitre du troisieme Livre de l'Imitation de Jésus-Christ.

Qu'il faut considérer les secrets jugements de Dieu, de peur de s'élever du bien que l'on fait.

LE FIDELE.

SEIGNEUR, vous me faites entendre le tonnerre de votre justice & de vos jugements ; tous mes os sont ébranlés, & mon ame est saisie de frayeur.

Je suis frappé d'étonnement ; je considere que les *cieux ne sont pas purs devant vous*, & je demande ce que je deviendrai, puisque vous avez *trouvé de la corruption dans les Anges*, & que vous ne les avez pas épargnés.

Les étoiles sont tombées du ciel. Que puis-je donc attendre, moi qui ne suis que poussiere ?

Ceux dont les actions paroissent louables, ont fait de tristes chutes ; & j'ai vu ceux qui *mangeoient le pain des Anges*, faire leurs délices des écosses que les pourceaux mangent.

Il n'est donc plus de sainteté, Seigneur, dès que vous retirez votre main.

La fageffe ne fert de rien, fi vous ceffez de la conduire.

La force n'eft d'aucun fecours, fi vous n'avez pas la bonté de la conferver.

La chafteté n'eft point en affurance, fi vous ne la défendez.

Toute notre vigilance eft inutile, fi vous ne veillez vous-même fur nous.

Si vous nous abandonnez, nous tombons & nous périffons. Mais fi vous nous vifitez de nouveau, nous nous releverons & nous vivrons.

Nous fommes foibles; mais vous nous fortifiez. Nous fommes tiedes; mais vous nous embrafez.

Oh! que je dois avoir d'humbles & de bas fentiments de moi-même! Que je dois eftimer peu ce qui paroît de bien en moi!

Oh! que je dois m'humilier profondément dans l'abyme de vos jugements, où je trouve que je ne fuis autre chofe qu'un pur néant!

O poids immenfe! ô mer fans bornes, où je ne me vois que comme le rien dans le tout!

Où l'orgueil peut-il donc fe cacher? où peut fe cacher la moindre confiance en ma propre vertu?

Oui, Seigneur, toute ma vaine gloire eft abforbée dans la profondeur de vos jugements fur moi.

Qu'est-ce que tout homme devant vous? *L'argile osera-t-elle s'élever contre le Potier qui la met en œuvre?*

Comment un cœur vraiment soumis à Dieu, peut-il s'élever d'une vaine louange?

Le monde entier ne peut donner la moindre vanité à celui que la vérité s'est assujetti; & toutes les louanges des hommes n'ébranleront jamais celui qui a mis toute son espérance en Dieu.

Car ceux qui le louent, ne sont rien eux-mêmes.

Ils passeront avec le son de leurs paroles; mais la vérité du Seigneur demeure éternellement.

HYMNE *d'actions de graces.*

TE Deum laudámus : * te Dóminum confitémur.

Te æternum Patrem * omnis terra venerátur.

Tibi omnes Angeli, * tibi cœli & universæ Potestátes;

NOus vous adorons, *Dieu tout - puissant, & nous vous reconnoissons pour le Seigneur de l'univers.*

Toute la terre vous révere, comme le Pere & la source éternelle de tout être.

Les Anges & toutes les Puissances célestes;

Les Chérubins & les Séraphins chantent sans cesse pour vous rendre hommage :

Saint,

Saint,

Saint,

Est le Seigneur, le Dieu des armées.

Les cieux & la terre sont remplis de la grandeur & de l'éclat de votre gloire.

L'illustre chœur des Apôtres,

La respectable multitude des Prophetes,

La brillante armée des Martyrs célebre vos louanges.

L'Eglise sainte, répandue par tout l'univers, confesse & publie votre nom,

O Dieu, dont la majesté est infinie.

Elle adore votre Fils unique & véritable,

Tibi Chérubim & Séraphim * incefsábili voce proclámant :

Sanctus,

Sanctus,

Sanctus,

Dóminus, * Deus Sábaoth.

Pleni funt cœli & terra, * majeftátis glóriæ tuæ.

Te gloriófus * Apoftolórum chorus,

Te Prophetárum * laudábilis númerus,

Te Mártyrum candidátus * laudat exércitus.

Te per orbem terrárum * fancta confitétur Eccléfia,

Patrem * immenfæ majeftátis.

Venerandum tuum verum, * & únicum Fílium,

Sanctum quoque * paraclétum Spíritum.

Et le Saint-Esprit consolateur.

Tu Rex glóriæ, * Christe.

Vous êtes le Roi de gloire, ô Jésus.

Tu Patris * sempiternus es Fílius.

Vous êtes le Fils éternel du Pere.

Tu ad liberandum susceptúrus hóminem, * non horruísti Vírginis úterum.

Vous n'avez point dédaigné de vous revêtir de la nature humaine dans le sein d'une Vierge, pour sauver les hommes.

Tu devícto mortis acúleo, * aperuísti credéntibus regna cœlórum.

Vous avez brisé l'aiguillon de la mort, & vous avez ouvert aux Fideles le Royaume des cieux.

Tu ad déxteram Dei sedes * in glória Patris.

Vous êtes assis à la droite de Dieu dans la gloire de votre Pere.

Judex créderis * esse ventúrus.

Nous croyons que vous viendrez un jour juger l'univers.

Te ergo quæsumus, fámulis tuis subvéni, * quos pretióso sánguine redemísti.

Nous vous supplions donc de secourir vos serviteurs, que vous avez rachetés de votre sang precieux.

Ætérnâ fac cum Sanctis tuis * in

Mettez-nous au nombre de vos Saints, pour

jouir avec eux de la gloire éternelle.

glóriâ numerári.

Seigneur, sauvez votre peuple, & béniſſez votre héritage.

Salvum fac pópulum tuum, Dómine, * & bénedic hæreditáti tuæ.

Conduiſez-les, & élevez-les juſques dans l'éternité bienheureuſe.

Et rege eos, * & extolle illos uſque in æternum.

Nous vous béniſſons tous les jours;

Per síngulos dies * benedícimus te;

Et nous louons votre nom à jamais, & dans la ſuite de tous les ſiecles.

Et laudámus nomen tuum in féculum, * & in féculum féculi.

Daignez, Seigneur, nous conſerver en ce jour purs & ſans péché.

Dignáre, Dómine, die iſto * ſine peccáto nos cuſtodíre.

Ayez pitié de nous, Seigneur, ayez pitié de nous.

Miſerére noſtrî, Dómine, * miſerére noſtrî.

Répandez ſur nous vos miſéricordes, Seigneur, ſelon que nous avons eſpéré en vous.

Fiat miſericórdia tua, Dómine, ſuper nos, * quemádmodum ſperávimus in te.

Car c'eſt en vous, Seigneur, que j'ai mis mon

In te, Dómine, ſperávi; * non

confundar in æter-
num.

eſpérance ; ne permet-
tez pas que je ſois con-
fondu à jamais.

LE SAMEDI.

LE SAMEDI, vigile de la Fête de la Pentecôte, doit être regardé comme le dernier jour de cette Retraite. Les Offices de l'Egliſe ſont aſſez longs & aſſez multipliés, pour tenir lieu des exercices qui ont occupé pendant ces jours. Les artiſans & autres perſonnes qui ſont forcés d'employer la journée au travail, peuvent entendre la premiere Meſſe, qui ſera dite à la même heure, & accompagnée des mêmes exercices que les jours précédents. Les perſonnes qui n'ont pas d'occupations eſſentielles, doivent s'empreſſer à aſſiſter à la Bénédiction des Fonts, qui ſe fait en ce jour, à la Meſſe & aux autres Offices de la journée, & s'appliquer à conſerver les fruits qu'ils auront eu le bonheur de tirer des exercices qu'on leur a procurés pendant cette Retraite, afin que la Communion, qui doit être permiſe à pluſieurs au ſaint jour de la Pentecôte, mette, en quelque ſorte, le ſceau à toutes les bénédictions que Dieu aura daigné répandre ſur ſon peuple.

L'Approbation & le Privilege de la Retraite, se trouvent à la fin des Paraphrases sur les Pseaumes qui se chantent pendant la Communion.